왜 학교는
예술이 필요한가

Why Our Schools
Need the Arts

왜 학교는 예술이 필요한가

제시카 호프만 데이비스 지음 | 백경미 옮김

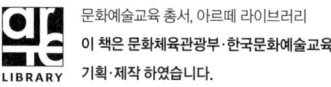

문화예술교육 총서, 아르떼 라이브러리
이 책은 문화체육관광부·한국문화예술교육진흥원과 함께
기획·제작 하였습니다.

WHY OUR SCHOOLS NEED THE ARTS by JESSICA HOFFMANN DAVIS

Copyright © 2008 by Jessica Hoffmann Davis
Korean translation copyright © 2013 by The Open Books Co.
First published by Teachers College Press, Teachers College,
Columbia University, New York, New York, USA.
All rights reserved.

This Korean edition was published by arrangement with Teachers College Press,
New York through KCC (Korea Copyright Center), Seoul.

일러두기
• 각주는 모두 옮긴이주이며 원주는 미주로 처리했다.

이 책은 실로 꿰매어 제본하는 정통적인 사철 방식으로 만들어졌습니다.
사철 방식으로 제본된 책은 오랫동안 보관해도 손상되지 않습니다.

차례

서론 · 7

1. 지형 · 21

서막: 과학과 예술의 차이는 무엇인가? · 23

교육 내 예술의 사례들 · 29

교육 내 예술 반대론에 대한 대응: 학교 밖에서 얻은 교훈들 · 45

2. 교육 내 예술 찬성론 · 77

서막: 왜 예술을 비예술 학습의 관점에서 정당화해야 하는가? · 79

예술의 독특한 특성과 학생들이 배우는 것 · 86

3. 교육 내 예술 옹호 · 135

서막: 실패가 교육 내 예술 옹호를 위한 도약의 기회가 될 수 있을까? · 137

무엇이 옹호인가 · 145

현실적인 도전 과제들 · 156

옹호자들이 해서는 안 될 일과 해야 할 일 · 168

4. 미래를 생각하며 · 177

서막: 어린아이와 그림 그리기 · 182

요약 · 186

감사의 말 · 191

교육 내 예술 옹호 기관 · 193

예술 교육 용어 해설 · 197

주 · 233

서론

「물론 학교에서 예술을 가르쳐야 하죠. 하지만 다른 과목을 대체할 정도는 아니에요. 예술은 즐거운 과목이지만, 우리는 교과 시간에 가르쳐야 하는 진짜 공부가 있어요.」

「예술은 체육처럼 중요한 정규 교과 외 활동이지만, 필수 교육 과정에는 속하지 않아요.」

「예술은 재능을 가진 아이들이나 배워야 해요. 우리같이 재능이 없는 사람들에게는 그저 시간 낭비일 뿐이에요.」

「우리 아이들이 치러야 하는 중요한 시험들이 너무나 많아요. 시험 준비를 하는 데 시간을 쓰다 보면 예술에 할애할 시간은 전혀 없어요.」

자주 들어 본 소리 아닌가? 관심 있는 사람들은 모두 기억하겠지만 오랫동안 예술은 미국의 학교 교육 과정에서 확실한 입지를 마련하기 위해 분투해 왔다. 여론 조사 및 다른 여러 조사에서 증명이 되었

듯, 학부모들과 교사들은 예술의 사회적 가치를 인정하고 있으며, 예술이 학생 교육에 중요하다고 보고 있다. 그러나 일일 교육 일정을 짜면서 어느 과목을 넣고 뺄지에 대해 고심해야 하는 때가 오면, 예술은 잘려 나가 버리는 첫 번째 과목이 된다. 〈가치를 인정하는 것〉과 〈필요한 것〉 사이의 분리 상태(예술 학습에 신경 쓰고 있어요. 하지만 우리 아이들은 시험을 잘 봐야 할 〈필요〉가 있어요)는 너무나 자주 아동들을 부당하게 속인다. 예술 교육만이 독특하게 제공할 수 있는 참여, 이해, 주제에 기초한 학습을 통합할 기회를 아동들로부터 빼앗고 있는 것이다.

다음에 나오는 일반적인 예술 옹호 사례를 보면서 생각해 보자. 근래에 있었던 한 고등학교 학부모-교사 컨퍼런스에서, 아들이 뛰어난 학업 성과를 거두면서 우수한 대학에 입학하길 바라는 한 열성적인 부모가 수학 교사에게 항의하는 장면이다. 「보세요, 저는 선생님이 바비에게 가르치는 과목이 그 애가 대학 입학 자격시험SAT과 심화 학습 배치 고사에서 더 나은 점수를 받는 데 도움이 된다고 확신합니다. 그러나 선생님의 수학 지도가 바비의 목탄 드로잉 실력을 질적으로 개선시킬지는 무척 의심스럽군요. 수학 공부가 연극 무대에서 그 애가 심리적 안정을 얻거나 음악 공연에서 표현력을 키우는 데 도움이 될까요? 정말 필요한 영역에서 바비의 실력을 향상시키는 데 도움이 되지 않는다면 수학 수업이 무슨 소용이죠?」

부조리하게 들리는가? 예술 옹호자들은 지난 세기 내내 이러한 부조리와 마주해 왔다. 교육 위원회 위원들, 행정가들, 교장들, 그리고 학부모들은 예술 학습에 대해서 항상 이런 질문을 던진다. 「예술 학습은 그 밖에 또 무엇을 할 수 있죠?」 우리 아이들에게 예술의 문화를 넘나드는 끝없는 대화에 참여할 자격을 주는 것 외에, 예술은 학생들이 〈정말 중요한 영역〉에서 더 잘하도록 도와주는가? 옹호자들은 이 질문에 대답하기 위해 그동안 많은 교육자들이 간헐적으로 보고해 왔던 사례들을 저들에게 보여 주라고 연구자들을 닦달해 왔다. 예술 교육이 여러 비예술 부문에서 학생들의 수행 능력을 향상시킨 사례들을 말이다.

이런 노력으로 예술 학습은 수학, 읽기와 쓰기 성적을 향상시키고 학생들의 지능 지수와 대학 입학 자격시험 점수를 올리는 데 기여한다는 인정을 받게 되었다.[1] 그러나 우리는 지금 무엇에 대해 말하고 있는가? 예술 공부는 바비가 수학을 더 잘할 수 있게 돕는다는 것이다. 그리고 우리는 연구를 통해 이를 증명하려 한다. 그러나 수학 공부는 바비가 예술에서 실력을 키우는 데에는 도움이 되지 않을 것이다. 우리는 이 문제를 탐구하는 데는 충분히 신경 쓰지 않았다. 바비는 〈목탄 드로잉 실력, 연극 무대 위에서의 심리적 안정, 그리고 음악 공연에서의 표현력 향상을 위해〉 예술을 공부해야 하지 않을까? 그리고 바비는 수학 학력 검사 성적을 올리기 위해 수학을 공부해야 하지 않을까?

바비가 기하학에서 배운 우아한 구조들이 예술 수업에서 최근 그가 만드는 조각물에 아이디어를 줄 가능성은 충분히 있다. 마찬가지로, 예술 작품 해석 시간에 습득하는 다양한 관점에 의한 고찰 능력이 대수 방정식에 대해 생각하는 바비에게 새로운 방식을 제시할 수도 있다. 그러나 만일 바비가 수학과 예술 둘 다에 똑같은 관심을 기울여 공부하지 않는다면, 두 과목 사이의 연관성에 대한 그의 이해도는 제한적이거나 단편적일 것이다. 그리고 우리는 수학이 무엇을 어떻게 가르치는지에 대해 숙고해 온 반면, 예술이 무엇을 어떻게 가르치는지를 질문하는 데는 충분한 시간을 쓰지 못했다. 우리는 지금까지 자기변호에 너무 급급했다.

다른 학문 분야들처럼, 예술은 인류가 이룬 업적의 정점을 드러낸다. 그러나 다른 과목들과 달리, 예술은 학교나 대학 안에서 — 그 변두리가 아니라 — 확실한 지위를 찾기 위해 분투해 왔다. 예술 학습을 주류 교육의 수시로 변하는 목표에 맞추려고 애쓰다가 정작 우리는 예술 학습의 고유한 특성과 중요성에 대한 탐색을 게을리하게 된 것은 아닐까? 예술 학습의 잠재력을 의심하거나 아예 이를 인식조차 못하는 사람들이 가진 양질의 교육에 대한 생각을 우리가 공유한다면, 그래도 우리는 앞으로 더 나아갈 수 있을까? 교육이라는 거대한 무대 위에서, 의심 많은 사람들과 변화를 주도하는 사람들, 그리고 잠시 자신의 역할을 잊은 사람들에게 교육 내 예술의 옹호자들이 이러한 질문들을 던지고 또한 예술의 힘과 가능성을 제시하기 위해 알아야 할 것은 무엇인가?

수학 교사, 경영 대학원 교수, 과학 교육자, 역사가 들이 조용히 주장하던 것을 더 큰 목소리로 분명히 드러낸다면 우리 모두에게 어떤 새로운 가능성이 열릴까? 그들은 이렇게 주장해 왔다. 자신들이 하는 일은 선생들의 너무나 많은 시간을 잡아먹는 시험 점수 채점이 아니라 예술가들이 하는 것처럼 경험에 의미를 부여하는 일과 더 관계가 깊다고 말이다.

예술은 교육의 전면과 중심에 있어야 한다. 학생들이 여러 다양한 예술 관련 학과에서 이루어지는 의미 만들기의 다양성과 미묘한 차이를 경험할 수 있도록, 예술 그 자체의 권리로 예술을 가르칠 필요가 있는 것이다. 우리가 예술 학습이 교육 과정 전반에서 학생들의 경험과 성장, 생산성을 풍요롭게 하고 확장한다는 사실을 깨닫고 있다 하더라도, 반드시 이 점은 짚고 넘어갈 필요가 있다.

미술관, 극장, 콘서트 홀, 그리고 대중 매체를 위한 작품을 생산하는 예술가들이 더 많이 배출될 수 있도록, 예술은 정규 교육 과정에 포함되어야 한다. 또한 국가 정책을 이끌고, 사업을 운영하고, 과학, 의학, 교육, 기술에서 경계를 무너뜨리는 더 많은 예술가들을 보유할 수 있도록, 예술은 정규 교육 과정에 포함되어야 한다. 부모와 학생, 교사, 행정가, 공동체 지도자, 그리고 정책 결정자로서 우리는 인간이 지닌 잠재력의 실현을 옹호할 필요가 있다. 우리는 자녀 교육의 한 목표로서 아들의 예술적 성과에 집착하는 바비 아버지가 결코 부조리하지 않다는 가능성에 우리 자신의 마음을 열어야 한다.

왜 이러한 선언문이 필요한가

인지저, 발달적, 치료적, 그리고 칠학직 관점에서 예술 학습의 가치를 다룬 연구 보고서들은 이미 많다. 그러나 이러한 논의들이 교육 내 예술에 전념할 시간과 공간을 확대하려 애쓰는 학부모와 교사의 손에까지 들어가는 경우는 드물다. 예술에 관한 이론서들이 교장이나 다른 관리자들의 필독서에 포함되는 경우도 드물다. 이러한 지도자들은 교내에서 일어나고 있는 일에 대해 너무나 많은 책임을 지고 있어서 이들에게는 그들의 일상적인 현실과 큰 관련이 없어 보이는 일까지 반추할 시간이 거의 없다. 너무도 자주 예술 옹호자들은 〈그들〉, 즉 예술 학습을 부정적인 것으로, 더 알아 볼 필요가 없는 것으로 간주하는 관리자들과 정책 입안자들과 동떨어진 회의실에서 지쳐 버린 동지들과 함께 시간을 보낼 뿐이다.

여기서 나는 이런 대화의 간극을 잇고자, 다양한 독자들에게 그들의 심중에 다가서기를 바라며 간단하고 직설적으로 이야기해 보려 한다. 나는 이 글을 선언문으로 생각한다. 이 글에는 교육 내 예술의 정당함을 제기하고 그 지위를 확립하기 위해 이미 열심히 노력하고 있는 옹호자들에 의해 활용되길 바라는 일련의 원칙과 도구들이 들어 있기 때문이다. 하지만 나는 더 나아가 여러 예술 교육 회의론자들과 교육에 대해 깊이 염려하고는 있지만 아직 예술이 무엇을 제공하는지 주의 깊게 생각해 보지 않은 사람들에게 다가갈 수 있기를 바란다. 나는 그들 또한 이 책에서 우리의 아동 교육에서 예술을 강조하기 위한 설득력 있는 논의를 보게 되기를 바란다.

이제 의무 시험이 초래한 불균형을 바로잡을 때이다. 취지는 좋았을지 모르나 표준화된 성과에 대한 강조는 사람들과 관계를 맺고 배려하는 사람으로 성장해야 할 우리 아이들의 한없이 중요한 개화기를 어지럽히는 결과를 낳고 말았다. 학교는 인간이 된다는 것이 무엇인가를 배우는 따뜻한 장소가 되어야 한다. 우리는 반드시 학교를 이런 곳으로 만들어 내야 한다. 변화해야 할 때는 지금이다. 그리고 내가 지금 설득하고자 하는 것처럼, 교육 내 예술은 우리에게 그 방향을 보여 줄 수 있다. 하지만 우리는 손전등을 들고 어둠 속을 헤쳐 나가듯이 과거로부터 배우면서 신중하게 이동해야 한다. 그리고 우리는 예술을 특별하게 만드는 바로 그 속성들에서 비롯되는 함정을 조심해야 한다. 그런 함정의 대표적인 예로 통합integration의 강력하고 유망한 특징을 살펴보자.

통합의 위험성

회화, 시, 연극, 악보, 그리고 무용 공연과 같은 예술 작품들은 선험적으로 통합되어 있다. 말하자면, 예술 작품들은 다양한 과목들을 모두 하나의 창작물 안에 통합한다. 고대 그리스 조각물인 원반던지기 선수를 예로 들어 보자. 예술 작품은 문학 작품이 이야기를 가지는 것과 마찬가지로 이야기를 가진다. 우리는 책에 나오는 영웅들을 다루듯이 영웅의 존재에 대해 토론할 수 있다. 거기에는 역사적인 고려사항들이 있다. 원반던지기는 우리에게 그 시대의 경기와 경쟁, 조각물 제작에 관련된, 당시 사회가 가지고 있던 태도와 경제력을 이야기해 준다. 거기에는 심리적인 면들이 있다. 거기에 이상적인 신체에 대한 관점이 있는가? 어떻게 그 관점을 오늘날의 신체 이미지에 대한 기준과 비교할 수 있는가? 그리고 당연한 이야기지만 그 조각품 제작에 사용된 재료와 방법은 화학이나 물리학적 문제들을 반영하며, 실제 인물에 대한 조각상의 크기와 수학적 비율에 대한 이해도를 보여 준다. 또한 조각상에 부과되는 하중의 변화는 중력에 대한 과학적 지식 수준을 보여 준다.

이러한 이유로, 예술 작품을 경험하는 가운데 학생들은 서로 다른 여러 교과들이 서로 밀접히 관련되어 있다는 사실과 이것이 하나의 통일된 진술로 만들어질 수 있다는 사실을 이해할 기회를 갖게 된다. 그 진술은 다음과 같다. 〈내가 작품을 감상하다가 갑작스럽게 반응하게 되는 순간에조차, 나는 한 작품의 많은 다양한 측면들을 이해한다.〉 같은 맥락에서, 학생들은 작품을 직접 만들면서 여러 다양한 과목에서 배운 것들을 통합하고 학교 안팎에서 발견하는 생각이나 느낌의 연관성을 표현할 기회를 가진다. 예술은 바로 이런 통합적 본성의 폭을 가지고 있기 때문에 학생들에게 많은 문들을 열어 주고 그들이 배운 것을 이해하고 그것을 활용하는 특별하고 중요한 만남의 기회들을 제공한다. 그러나 예술의 통합적 본성의 폭은 예술이 부당하게 이용되고 희석될 여지를 주면서 학교 예술 교육을 취약하게 만들기도 한다.

예술 교육을 옹호하는 사람들은 이러한 예술의 통합적 본성에 주목해 예술은 모든 일을 할 수 있다고, 혹은 일반 교사들이 늘 신경 쓰는 일이라면 그것이 무슨 일이든 예술이 할 수 있다고 변호해 왔다.

그들은 주류 교육의 최신 요구 사항들에 〈예술을 맞추는〉 전통에 따라 이렇게 말한다.

「학생들의 글쓰기 능력이나 과학적 탐구 능력을 향상시켜야 하나요? 예술이 그 일을 해낼 겁니다.」

「학생들이 읽기나 역사나 심리학이나 수학을 배워야 하나요? 예술은 확실히 그 일을 해낼 겁니다.」

「학생들의 표준 학력 고사 점수를 올려야 하나요? 예술은 아마 그 일도 해낼 수 있을 겁니다.」

그러나 그리스 조각을 감상하는 것이 그 안에서 다루어지거나 포함된 과목들의 역할을 수행한다고 하더라도, 그것은 역사, 문학, 또는 심리학과 같은 과목을 공부하는 것과는 차이가 있을 뿐만 아니라 충분하지도 않다. 마찬가지로 역사든, 문학이든, 심리학이든, 이 학과들이 그 작품을 이해하기 위해 제공하는 어떤 렌즈도 예술에 관해 배우는 데는 충분하지 않다. 예술은 학교가 우선시하는 다른 과목들을 공부하는 것만큼 깊이 있게, 그리고 더 자주 예술 그 자체의 권리로 학습되어야 한다. 예술이 타 과목들 속에서 녹아 없어지는 현상은 통합 교육이 가지고 있는 잠재적인 함정이다.

나는 여기서 교육 내 예술이 다양한 교육 목표에 기여할 수 없다고 주장하는 것이 아니다. 예술은 필연적으로 그러한 목표에 기여한다. 시각 예술 작품에서 이야기를 보는 것은 이야기가 무엇을 수반하는지에 대한 학생들의 감각을 확장한다. 어떤 역사적 사건에 관한 시각적 또는 극적인 묘사가 그 사건을 특별히 기억에 남을 만한 것으로 만드는 것과 마찬가지다. 내가 제안하는 것은 교육 내 예술의 역할을 설명하거나 변호할 때, 그것을 수학이나 화학, 물리를 가르치는 데 도움이 된다는 식으로 비예술 과목에 기여하는 과목으로 포장하려는 유혹을 이겨 내야 한다는 것이다. 예술 교육 옹호의 역사는 예술의 통합적인 본성이 우리에게 많은 색채들로 예술 교육을 포장하고 재포장하도록 허용하는 순간에도, 그 포장과 재포장은 예술 분야를 강하고, 명료하고, 필수적인 것으로 만들기보다는 물렁하고, 목표가 불분명하고, 불필요한 분야로 만들어 왔다는 사실을 가르쳐 준다. 만일 우리가 수학 시간에 비례에 대해 충분히 배우고 예술 시간에 조금 더 배운다면, 누가 진정으로 예술을 추가로 배워야 할 필요성을 느끼겠는가? 교육 내 예술이 확실한 지위를 갖기 위해 필요한 것은 예술이 다른 과목들이 이미 담당하는(또는 더 잘하는) 것을 할 수 있다는 주장이 아니다. 예술이 무엇을 하는 과목인지 정확하게 짚어 내는 것, 그리고 그것을 자세히 가르치는 것이 필요한 것이다. 또한 예술 옹호자들은 우리가 신경 쓰는 모든 상황들을 과감하게 예상해 봐야 예술이 교육에서 가지는 필수성을 입증할 수 있다.

대안을 상상하는 예술의 능력이 없는 과학, 세계를 재현하는 예술의 능력이 없는 수학은 어떻게 될까? 경험을 해석하는 예술의 능력이 없는 역사, 정답 없는 문제를 제기하는 예술의 능력이 없는 연구는 어떻게 될까? 다양한 영역의 경험을 개인적 차원의 인간 이해와 모두가 공유하고 있는 인간 이해로 통합하는 예술의 능력이 부재한 문화란 무엇인가? 학생들은 예술을 배우지 않고도 이 가운데 뭐 하나라도 제대로 알게 될 수 있을까?

예술은 거의 모든 분야에서 의미를 풍요롭게 하고 더욱 뜻깊게 한다. 그러나 우리가 주목해야 하는 것은 예술이 그 안에서 그리고 예술 그 자체로 무엇을 하는가이다. 예술을 옹호하는 자들로서, 우리는 상상, 이야기, 묘사, 예술이 제기하는 독특한 질문들과 인간 경험과 이해를 구체화하는 그 특별한 능력에 집중해야 한다. 이러한 기술들은 예술 작품의 창작과 감상을 통해서 가장 잘 습득할 수 있다. 예술 작품이 역사적으로 변화하는 시대와 주제, 사고방식을 반영해 온 것처럼, 예술 학습의 내용은 시기적절한 생각들과 우선 사항들을 제시하고 독특하게 확장될 수 있다. 예술은 구체적이고, 지속적이며, 가치 있는 방식으로 그렇게 할 수 있다. 내가 이 책에서 다루고자 하는 것은 이러한 분명하고, 변함없고, 유용한 방식들이다.

교육 내 예술의 가치는 분명하고 타협의 여지가 없다. 그리고 다양한 조류와 바람에 휩쓸리지 말고 그것들을 이겨 내야 한다. 우리는 교육에 예술을 포함해야 한다. 예술이 다른 종류의 학습에 기여하기 때문이 아니라(물론 기여한다), 다른 과목들에서 배울 수 없는 것을 배울 수 있는 기회를 제공하기 때문이다. 근작 『예술처럼 교육하기 Framing Education as Art』[2]에서 나는 다른 과목들을 지지하는 데 쓰던 방식대로 예술을 단단하게 포장하기보다는 오히려 비예술 과목들을 예술의 관내한 색채로 포장하는 것이 더 낫다고 말하는 데까지 나아갔다. 나는 이 책에서는 모든 과목을 예술과 닮은 것으로 만든다는 과제에서 방향을 돌려, 예술이 일반 교육에 필수적인 이유를 단지 모델을 제시하는 데 그치지 않고 그 항구적인 이유를 확인하는 쪽으로 나아간다.

선언문의 구성

1장에서 나는 옹호자 — 또는 예술이 교육에 중요하다는 가능성을 고려하는 독자 — 에게 지형에 대한 관점을 제시하면서 이 새로운 방향으로 출발한다. 그 관점은 과거에서부터 현재까지 예술이 교육 과정에서 역할을 맡은 방식에 대한 몇몇 사례들을 포함하고 있다. 이렇게 예술 교육을 개괄한 다음에 나는 학교 교육에 예술을 포함하는 것에 반대하는 주장들을 다룬다. 반대론 하나하나를 고려하면서, 나는 학교 담장을 넘어 예술이 중요하다는 믿음을 기본적으로 가지고 있는 현장인 예술 교육 센터들에서 나오는 이야기들을 토대로 반대론들을 반박하는 주장을 펼친다.

2장으로 넘어가면서, 교육 내 예술에 대한 찬성론을 펴기 위해, 나는 예술의 독특한 특성들과 그로부터 나오는 귀중하고 특별한 학습 사례들을 소개한다. 예술 영역에서 특징적으로 나오는 이 사례들은 예술이 아동 교육에 포함될 자격이 있다는, 예술의 영구적인 지위를 위한 일련의 논쟁들을 예고한다.[3] 예술 옹호의 대의에 도움이 되길 바라면서, 비예술 과목들과 학습 공간에 미치는 예술의 효과와 상관없이, 나는 우리 아이들에게 예술을 가르쳐야 하는 본질적인 가치, 예술 학습의 필요성을 주장한다.

3장 〈교육 내 예술에 대한 옹호〉에서, 나는 이 선언문의 동기이자, 예술 교육 연구와 개혁에서 너무나 많은 결실을 본 옹호 문제를 다룬다. 그 맥락에서 나는 옹호에 대한 다양한 해석들, 더불어 그 성공을 위한 몇몇 현실적인 도전들과 권고들을 고려한다. 4장 〈미래를 생각하면서〉에서는 나 자신의 옹호 경험에 대한 몇 가지 반성, 이 책의 지면들을 덮은 영역에 대한 후고, 전진을 위한 격려의 말로 논의를 마친다.

책의 끝머리에서, 독자는 국립 예술 옹호 기관들의 목록과 예술 교육 용어 해설을 보게 될 것이다. 글을 쓰는 동안, 나는 한편으로는 학문적인 미사여구와 참조를 최소화하고, 다른 한편으로는 논의 내용의 특정한 면들에 대해 좀 더 알고자 하는 독자들을 위하여 일련의 자료들을 주석에 기록하였다. 나는 각 장을 다른 어조를 사용하는 옹호 에세이가 담긴 〈서막prelude〉으로 시작한다. 그 내용은 모두 과거에 내가 교육에서 예술을 발견해 나가는 여정 중에 쓴 것이다. 나는 글을 쓰면서 거의 반세기 동안 교육 내 예술 분야에서 교사, 연구자, 그리고 관리자로서 해왔던 일들과 매우 다양하고 헌신적인 교육학과 대학원생들을 위한 연구 과정 개발에서 얻은 근래의 경험을 활용하였다. 나는 이 분야가 학부모, 예술가, 교육자, 또 학교와 공동체 지도자를 비롯하여 내용을 잘 아는 목소리들이 연합함으로써 풍요로워지고 영속된다는 것을 알고 있는 예술 교육의 진문 옹호자로서 이 책을 쓴다. 이는 또한 자신의 학습이 양적인 결과들로 축소되는 것에 저항하고, 측정할 수 없는 인간의 잠재 능력으로 채워진 삶을 위해 매진하는 학생들의 목소리와 행동들에 의해 전진한다. 나는 이 책의 구성과 내용을 간결하고 명료하게 유지하려고 노력했다. 이 다양한 목소리들, 즉 우리 모두가 의존하고 있는 영향력 있는 변화의 주체들은 시야는 넓지만 시간이 부족하다는 것을 알고 있기 때문이다.

1
지형

5세 아동이 그린「행복과 슬픔」

매체: 종위 위에 매직펜

서막: 과학과 예술의 차이는 무엇인가?

일요일 저녁, 한 동네 식당에서 나는 두 명의 십대 조카들에게 내가 예술을 공부하는 인지 발달 심리학자로서 무슨 일을 하고 있는지 설명하고 있다.[1] 「피아제!」 큰애가 소리친다. 「피아제는 용액과 비커 그리고 아이들이 어떻게 배우는지 연구한 것과 같은 것들로 유명하지 않았나요?」 맞다! 인지를 연구한 가장 유명한 심리학자인 피아제는 세계를 이해하는 좀 더 단순한 방식은 좀 더 복잡하거나 추상적인 접근들이 힘을 얻으면 버려진다는 고정된 학습 발달 단계들이 있다고 주장했다. 나는 누가 새로운 무언가를 배울 때 알고 있었던 것을 버린다(새로운 지식이 그가 오랫동안 알고 있던 지식을 반증할 때조차도)는 이런 생각을 별로 납득할 수 없었다. 논지를 분명히 하기 위해 피아제가 다양한 연령대의 아동들과 진행했던 한 실험을 인용하면서 조카들에게 말했다. 「너희는 보존에 대해 아직 완전히 이해하지 못한 어린아이들이 어떻게 해서 같은 양의 용액이 짧고 넓은 비커에 있을 때보다 길고 얇은 비커에 담겨 있을 때 〈더 많다〉고 말하게 되는지 아니? 피아제는 용기의 크기에 관계없이 거기에 부은 액체의 양이 같다는 것을 알아차릴 때, 우리는 새로운 발달 단계에 도달한다고 말했어.」

조카들은 알았다고 고개를 끄덕인다. 그리고 나는 그 아이들이 피아제에 대해서 아주 많은 것을 알고 있다는 데 감명받는다. 나는 내가 말하는 것이 그들을 혼란스럽게 할 것이라고 생각하면서 설명한다. 「물론 나는 양이 같다는 것을 알아. 하지만 용액이 긴 유리병에 담겨 있을 때 왜 더 많아 보이는지도 알고 있단다.」 나는 이런 것이 재미있다고 생각하는 학생들과 이런 생각을 공유해 왔다. 열다섯 살 먹은 조카 에릭은 미소 짓지 않았다. 대신, 불쑥 나서며 이렇게 설명했다. 「숙모, 그 양이 같다는 것을 아는 방법, 그것은 과학이에요. 그 양이 다르다는 것을 아는 방법, 그건 예술이고요.」

에릭은 예술적 관점을 어린아이의 관점에 비유하고 있었다. 문득 궁금해졌다. 별다른 지식 없이도 다름을 지각한 내 조카의 경우처럼, 어린 시절에 가졌던 관점을 잃지 않고 유지하게 되면 흔히 낭만적으로 묘사되는 성인 예술가의 어린아이 같은 순수한 시각을 갖게 되는 것은 아닌가 하고 말이다. 아동이 예술가임을 주장해 온 예술 옹호자들은, 가상 놀이에서 유동적인 아동의 역할(《이제 역할을 바꿔 봐요》)로부터 또는 그들이 만들어 낸 표현적인 드로잉(《나는 내가 그린 거예요》)으로부터 아동을 명확히 분리해 내기 어려운 모호한 선들을 찬양한

다. 그들은 예술가와 작품, 또는 아이디어와 표현 사이에 놓인 흐릿한 경계들이 성장하면서 사라지거나 대체되는 아동 드로잉의 초기 단계처럼 완벽한 성인 예술 작품의 징후라는 주장을 견지하고 있다.

그러나 예술과 과학에 대한 에릭의 안목은 발달 관점을 넘어선다. 에릭의 말은 안다는 것의 견고함과 유연성에 대한 이해를 확장시킨다. 그것은 예술과 과학 간의 상호 접속, 알려진 것과 보이는 것, 〈분명한 것〉과 〈가능한 것〉 간의 관계를 정리한다. 인류가 만들어 온 풍성한 은유적 표현들은 이 모호한 경계 지대에 있다. 우리는 어떻게 〈그 운동선수는 돌덩이야〉라고 말하며 그 둘이 아주 닮았다고 생각하는 걸까? 도로변의 돌과 농구 코트 위 선수의 경계는 그렇게 쉽게 흐려질 수 있는 걸까?

이 불분명하면서도 경계를 거부하는 영역은 흔히 시와 예술의 영역으로 여겨진다. 그러나 나는 예술과 마찬가지로 일부 과학과 기술 분야도 틀림없이 그 경계가 그다지 명확하지 않을 거라고 믿는다. 컴퓨터는 전문가와 문외한을, 의사소통과 관계를, 직접성과 거리를 혼란에 빠뜨린다. 우리는 지금 의자에서 일어나지 않고도 스스로 의사의 진단에 대해 공부하고, 보이지 않는 수많은 타인들과 우리의 견해를 공유하고, 파리의 루브르 박물관을 관람할 수 있으며, 아프리카의 동물들이 물웅덩이에서 물 마시는 모습을 관찰할 수도 있다. 우리가 계속 의자에 남아 있음을 알려 주는 것은 과학이다. 우리가 다른 곳으로 이동해 있음을 알려 주는 것은 예술이다.

학습 분야에서 명성 높은 전문가이며 피아제의 옛 동료였던 MIT

교수 시모어 페이퍼트Seymour Papert는 피아제가 아동들의 반응을 완전히 옳거나 완전히 틀린 것으로 보지 않았다고 설명했다. 피아제는 아동과 그들의 반응이 형성되는 발달의 맥락을 존중하였다. 피아제가 『타임』지가 뽑은 세기의 주요 인물 100인으로 선정되었을 때, 페이퍼트는 『타임』에 기고한 글에서 빨리 가는 것이 시간이 더 걸릴 수 있다고 생각하는 7세 아동들에 대한 피아제의 관찰에 대해 아인슈타인이 얼마나 흥미로워했는지를 서술했다. 이런 기술적으로 틀린 답은 달릴 때 쉽게 숨이 차는 성인들에게는 매우 분명할 것이다. 아인슈타인은 그 7세 아동이 이해하는 방식을 그의 상대성 이론이 한 것과 같이 상식에 대한 도전으로 보았다.

인지 발달 심리학자들은 피아제의 인지 발달 단계 이론을 독서, 도덕, 자아의식 구성, 그리고 미적 감상과 같은 영역들로 확장해 왔다. 미적 감상에 대해서, 연구자들은 어린아이나 초보자는 작가의 작품 제작 과정[2]보다는 예술 작품의 색채와 주제에 더 관심을 갖는다고 말한다. 그러나 어떤 그림들은 색채와 더 깊은 관련을 맺고 있다. 색채가 작품의 주제이고 예술가가 말하고자 하는 것이다. 그런 그림들은 아동들에게만 보여 주기 좋은 것일까? 아니면 이러한 다채로운 이미지들의 맥락에서, 색채나 주제에 대한 초보적 관심은 어떤 감상자에게도 도움이 될까?

하버드에서 진행하는 프로젝트 제로*의 한 연구에서, 우리는 다수

• Project Zero. 예술에서 작동하는 독특한 인지적 활동에 관심이 많았던 철학자 넬슨 굿맨Nelson Goodman이 1967년 하버드 교육대학원에 설립한 교육 연구 그룹. 현재 다양한 예술 분야들은

의 1학년과 4학년 학생들에게 다음과 같은 의미로 몇몇 질문을 해보았다. 〈이 그림을 그린 화가가 어떻게 느꼈을 거라고 생각하는가?〉 이 질문에 대해 가장 많이 나온 대답은 우리가 기대한 바와 달랐다. 아이들은 슬픈 그림의 경우에 〈슬퍼요〉, 또는 행복한 그림의 경우에 〈행복해요〉라고 답하지 않았다. 두 집단 모두에서 가장 많이 나온 대답은 〈그 화가는 이런 아름다운 그림을 그릴 수 있을 만큼 기분이 아주 좋았을 거예요〉였다.

일부 연구자들은 어린아이들이 작품을 만든 화가의 존재를 실제로 이해하거나 예술가들이 직면하게 되는 제작상의 문제를 개념화할 만큼 사고 단계가 충분히 발달되어 있지 않다고 주장한다. 우리가 관찰한 바에 따르면 1학년과 4학년 학생들은 적극적인 이미지 제작자로서, 예술가들을 좋은 작업을 해보려고 노력하는 이들로 보면서 예술가들과 자연스럽게 공감한다. 피아제의 위계적인 단계들과 같이 발달하는 행동이나 능력을 묘사하기 위해 도식을 만들어 내는 방식은 과학이다. 그리고 그 도식을 넘어서 보는 방식은 예술이다.

부모로서, 교육자로서, 그리고 행정가로서, 우리는 과학과 예술이 서로 연결되어 있다는 것을 인식할 필요가 있다. 우리는 바흐나 듀크 엘링턴이 작곡한 어떤 곡의 리듬에서 수학을 찾거나 행성들의 움직임과 마사 그레이엄의 무용을 서로 연결지어 보려고 애쓸 수 있다. 그러나 이러한 액면 그대로의 일반적인 탐색은 예술과 과학 사이의 좀 더 핵

물론 인문학과 과학 분야에서의 학습, 사고, 창의성에 대한 이해와 향상을 목적으로 운영되고 있다.

심적인 연관성, 과학에 대한 예술의 본질과 예술에 대한 과학의 본질을 자주 간과한다. 내 조카 에릭은 예술을 시각(우리가 볼 수 있는 것)과, 그리고 과학을 우리가 아는 것(시각적인 단서들을 넘어서 있는 것)과 관련짓는다. 관찰은 보기와 알기라는 두 과정을 제공한다. 그러나 우리가 합리적 지식을 넘어서 비합리적인 가능성을 볼 수 없다면, 그리고 시각적인 단서들의 한계를 부수고 나아가 지식의 토대를 수용할 수 없다면, 우리의 앎은 얼마나 활기가 없고 우리의 시야는 얼마나 제한적일까?

경계 허물기는 예술에서 그러한 것처럼 과학에서도 창의성과 관련되어 있다. 은유는 서로 분리된 영역들에 존재하는 이질적인 사물들을 연결시킨다. 그리고 이런 사물들의 불가능해 보이는 결합을 통해서, 은유는 하나의 독립체를 문자 그대로 묘사하는 것보다 진리에 한발 더 가까이 다가선다. 〈그 아이는 돌개바람이야!〉라는 말은 개인의 활력에 대해 말해 준다. 청자에게 익숙하지 않은 것을 익숙한 이미지나 경험을 통해 알려 줌으로써 보거나 느낄 수 있게 해주는 것이다. 돌개바람과 아이의 태도를 결합시킨 표현은 〈아주 활동적인 아이야〉라고 문자 그대로 묘사하는 것보다 훨씬 더 많은 이야기를 들려준다.

경계를 허물어 버림으로써 단 하나의 의미로 규정되지 않고 다양한 해석이 가능한 상징이 창조되는 것이다. 예술가와 관객 사이에서 이루어지는 대화처럼, 이것은 확실히 과학자와 더 넓은 공동체 사이의 대화 같은 것이다. 다양성이 동일함보다 더 일반적인 세계에서, 우리는 과학도 예술처럼 결국 모두 다양성에 관한 것이지 단일성에 대한 것이 아니라는 것을 기억해야 한다. 우리는 변동을 인정하지 않고 일

차원적인 진리만을 제안하는 사실들이 아니라, 새롭고 더 나은 질문들을 생성하는 개방적인 질문들에서 배운다.

우리 사고의 핵심에 놓여 있는 정답에 도전하는 사람들을 항상 지켜 줄 필요가 있듯이, 우리는 정답을 가지고 있는 체하는 사람들을 늘 경계할 필요가 있다. 정보를 가지고 무엇을 하는가가 힘인 시대에, 무엇하러 이 세상이 단편적인 정보들에 의해 강화된다고 생각하도록 학생들을 오도해야 하는가? 학생들이 어떻게 숫자들의 한계를 넘어서 보는지가 중요할 때에 우리가 왜 정답과 오답의 갯수를 세면서 점수에 그토록 집중해야 하는가? 학창 시절 이후의 인생에서 우리 개인의, 혹은 모두의 미래를 이루어 나가는 것은 틀 안이 아닌 틀 밖에서 생각하기, 선 안에 색칠하기가 아닌 경계 허물기다. 학교에서 측정 가능한 개별 반응들이 마치 최종 목표라도 되는 양 가치 있게 평가하면서 우리는 얼마나 잘못된 정보와 기대를 지지하고 있는가?

학교 내 예술은 필수적이다. 예술은 과학이 제공하는 기반들에 빛을 비추고 방향을 제시한다. 우리가 안다고 생각하는 것, 그리고 그 위에 세우고 상상하는 것, 그것은 과학이다. 그 주어진 것을 넘어서 상상하는 것, 세우는 것, 보는 것, 그것은 예술이다.

교육 내 예술의 사례들

교육자들은 자주 단수 용어 〈art education〉을 〈visual arts education〉,

즉 회화와 조각, 사진과 같은 2차원과 3차원 매체를 통해 볼 수 있는 예술을 배우고 가르치는 것을 의미하기 위해 사용한다. 단수 용어 〈art education〉은 통상적으로 무용 교육, 음악 교육, 연극 교육 같은 다른 예술 교육에서의 학습을 포함하지 않으며, 사실상 이와 구분된다. 반면 복수 용어 〈arts education〉은 이 모든 서로 다른 과목들에서의 예술 학습을 아우른다.

〈교육 내 예술 arts in education〉이란 용어는 보다 넓은 관점, 즉 비예술 수업과 과목을 포함하는 더 큰 교육의 현장 안에서 여러 역할을 하는 다양한 예술 과목을 말한다. 이를 염두에 두고, 여기 옹호자들이 잘 알 만한 교육 내 예술에 관한 아홉 개의 사례들을 제시한다.[3] 내가 여기 묘사하는 예술을 위한 어떤 시나리오도 여타의 것을 불가능하게 하거나 모든 것을 지배할 이상적인 것은 아니다. 이 사례들에 붙인 제목은 이 분야에서 일반적으로 사용하는 어휘들이다. 다만 창의적인 교육자들이 예술이 적용되는 범위를 점차 확장해 설계하고 있으며, 이로 인해서 어휘는 계속 변하고 재정의되고 있다는 점은 유의해야 한다.

예술 기반 교육

교육 과정과 학급, 또는 학교(차터 스쿨•이나 시범 학교, 혹은 사립 학교인 경우가 많다)가 예술을 기반으로 하는 경우, 지도와 학습은 그저 단

• charter school. 공적 자금으로 지역 단체 등이 설립한 학교.

그림 1-1 「델라웨어 강을 건너는 워싱턴」, 에마누엘 고틀리프 로이체 (1851)

캔버스에 유채, 378×648cm. 존 스튜어트 케네디 기증, 1897, 97. 34. 메트로폴리탄 미술관, 뉴욕

순하게 예술에 기초한다.[4] 예술은 배워야 하는 내용을 공급하고, 지도, 학습, 평가를 위한 모형 역할을 하고, 비예술 과목들을 탐구하는 창을 제공한다. 예술 기반 학교에서 예술은 그 자체의 권리를 가지고 진지하게 교습된다. 즉, 아동들은 여러 다른 예술 형식들 안에서 진지하고 순차적인 지도를 받는다. 이것은 학생들의 예술 재능이 교육 과정 전반에서 예술 기초 학습의 효과를 증가시킨다는 점에서 중요하다.

예술 기반 학습의 한 사례로, 서사가 담긴 고전적인 회화 작품, 예를 들어 1851년 에마누엘 고틀리프 로이체가 그린 「델라웨어 강을 건너는 조지 워싱턴」 (그림 1-1 참조)을 여러 수업에서 사용하고 있는 한 고등학교를 들어 보자. 역사 수업에서 예술을 미적으로 살펴 보기 위해 학생들은 미술사적인 기법들을 활용하여 회화가 묘사하는 역사적인 순간의 세부를 유심히 관찰한다. 과학 수업에서 학생들은 회화를 가지고 실내외에서 실험하면서 화가가 빛을 어떻게 사용했는지 분석한다. 영어 수업에서 학생들은 미적 표준을 사용하고, 그림을 비평하거나 시를 쓰는 데 영감을 얻도록 그림의 주제나 구조에 대해 생각해 보는 과제를 수행한다. 무용 수업에서 학생들은 그 이미지에 표현된 움직임을 포착하는 율동 과정을 안무해 보라는 요청을 받는다. 음악 수업에서 그 작품은 그 시대의 음악을 배우는 기준 또는 균형, 리듬, 대칭과 같은 추상적인 음악적 개념들에 관한 하나의 시각적 묘사로서 사용된다. 예술에 기초한 학습 현장에서 예술 작품은 — 그리고 오페라나 연극 역시 고전 회화처럼 용이하게 사용될 수 있다 — 여러 학과들을 가로지르는 학습의 원천이거나 이러한 학습으로 가는 관문이다. 충분한 정보에 기반을 둔 작품 제작과 감상을 중심으로 한 예술 활동은 학습을 위한 원동력과 도구를 제공한다.

예술 통합 교육

예술 통합arts-integrated 상황(〈통합 예술 교육〉)에서, 예술 과목들은 과목들 안에서, 그리고 일반적인 교육 과정 전반에 걸쳐서 지도와 학습의 개선을 목표로 삼아 동등한 파트너 중의 하나로서 비예술 교과들과 밀접하게 엮여 있다. 예술 통합 고등학교의 현장에서, 예를 들어 영웅주의에 관한 개념은 (1) 예술: 로이체가 워싱턴을 영웅으로 묘사한 그림(그림 1-1 참조)을 세부적으로 분석하는 것과 (2) 사회: 첫 번째 서막에서 논의한 것처럼 세기의 인물로서 『타임』지가 피아제를 선정한 배경에 대한 조사가 동일한 가닥으로 탐구될 수 있을 것이다. 이와 같은 일련의 예술 통합 교육에 대한 고려 사항들은 예술, 과학, 문학, 수학에서 각각 영웅이 될 자질이 무엇인지에 관한 보다 폭넓은 질문에 대한 논의를 이끌 수 있을 것이다.

초등학교 수준에서 무용과 글쓰기는 〈위에〉 그리고 〈아래에〉와 같은 전치사들(문법)을 적극적인 신체 움직임(무용)으로 표현하는 아동들에 의해서 통합될 수 있다. 아프리카풍의 드럼 연주는 상호 간에 유용한 리듬과 비율에 대한 이해를 주고받는 가운데 수학과 통합될 수 있다.[5] 학생들이 역사적 인물의 입장을 이해하도록(연기에서 어떤 역할을 가정하는 것에 대한 학습) 요청받을 때, 그리고 특정 사건의 사실적인 세부에 기초하여 어떤 장면을 다시 만들어 보도록(역사) 요청받을 때 연극과 역사는 밀접하게 엮인다.

예술 통합 교육은 어려움에 처한 학교의 개혁과 개선 과정에서 예술 교육을 존중하는, 근래에 가장 유망한 교육 과정 운영 수단으로 인용되고 있다.[6] 그러나 의혹을 가지고 바라보는 이들은 다른 과목들과 예술 지도의 통합이 예술을 독자적인 학과로 보이지 않게 만들 것이라고 우려한다. 예술 기반 교육에서 예술은 교육이라는 드라마의 주요 배역으로 소개된다. 예술 통합 교육에서 예술은 다른 비예술 과목들과 연합하여 동등한 역할을 함으로써 조화를 이룬다. 이러한 엮임의 결과로서, 예술 통합 교육 현장의 교육자들은 예술과 학업 성과의 혼합으로 나온 새로운 학습 결과물들을 분명히 밝혀야 한다.

예술 주입 교육

교육자들이 예술을 교육 과정에 〈주입infuse〉할 때, 예술과 비예술 과목 교실에서 진행되는 활동을 풍요롭게 하기 위해서 교육자들은 예술가나 작품을 외부에서 내부로 들여온다. 과거에 대한 이해를 돕기 위해 역사 수업 시간에 특정 시기의 음악을 틀어 준다. 학생들에게 환경 보존에 관한 정보를 주기 위해서 발굴된 조각상의 조각들을 지역 미술관에서 빌려 온다. 현대 시인들이나 랩 가수들의 언어에 대한 애정이나 그들의 창의적 작업 과정을 듣기 위해 영어 수업 시간에 그들을 초대하는 경우도 있다. 전교생이 잘 아는 연극을 상연하기 위해 전문 공연 단체의 공연을 편성하기도 한다.

예술 주입 교육은 학교에서 공식적인 예술 프로그램이 축소되거나 제거되면서 시작되었다. 특히 빈 공간을 채우기 위해서 객원 예술가와 예술 공연을 지원하고 편성하여 일선 학교에 예술을 주입하고자 하는 학부모와 비영리 공동체들의 계획안이 구성되었던 1970년대 초반부터 시작되었다. 오늘날까지 지속되는 이런 노력 덕분에, 예술가의 학교 방문을 최대한 활용하는 신뢰성 높은 전략들이 많이 개발되어 있다. 교사와 예술가 사이의 협력 계획에서부터 사전, 사후 방문 교실 활동에 이르기까지, 이런 활동들을 아무런 관계가 없는 사건이나 간섭으로 치부하기보다는 교육 과정 목표에 예술가들의 기여가 스며들게

하는 데 도움이 되는 방법들이 발전되어 왔다.[7]

예술 포함 교육

예술 포함arts-included 교육 사례에서 예술은 학생들의 필수 과목 중 하나로 자리하고, 비예술 과목들과 마찬가지로 비중 있게 지도되며, 존중받고, 시간이 할당된다. 예술이 교육 과정에 포함되는 초등학교에서는 유치원부터 6학년까지 모든 학생들이 시각 예술과 음악, 연극, 무용 가운데 몇 가지나 이들 모두를 배운다. 그리고 예술 과목들은 보다 전통적으로 핵심 과목으로 간주되는 다른 과목들처럼 정규적으로 편성된다. 예술이 정규 교육 과정에 포함된 고등학교를 졸업하기 위해서는, 과목 수, 수준 그리고 이수한 예술 과목들의 다양성까지 만만치 않은 요건들을 갖춰야 한다. 초급에서부터 중급, 고급에 이르기까지 예술 과목에서 이룬 성과는 다른 과목들에서 이룬 성과만큼 존중받는다. 예술이 진지하게 포함될 때, 학부모들은 비예술 과목 담당 교사들과 면담할 때처럼 학생의 학업 진전에 대해 논의하기 위해 예술 교사들을 만난다. 나아가, 학생들은 비예술 분야 진로를 추구할 때처럼 예술 분야의 전문직 준비 과정이나 고등 과정 쪽으로 교육적 의도를 발전시키도록 격려를 받는다. 많은 옹호자들은 학생들의 일상적인 학습에 예술을 포함한다는 간단한 목표를 가지고 있다. 〈예술 포함 교육〉은 예술 기반 교육으로 나아가는 각본의 전제 조건이지만 여기서 언급한 어떤 사례에서도 지속될 수도 있고 그렇지 않을 수도 있다.

예술 확장 교육

예술 확장arts-expanded 교육에서, 학생들은 학교 밖의 좀 더 큰 공동체에서 교육 내 예술을 경험한다. 예를 들어 학생들의 학습은 정기적인 미술관 견학, 지역 주민 예술 센터에서 계획된 활동, 또는 라이브 콘서트 공연장의 음악 공연 관람을 포함할 것이다. 교내에서 교사들이나 예술 전문가들은 보통 학부모들로 이루어진 자원봉사자들의 도움을 받아 이러한 외부 견학을 준비하게 된다. 미술관의 교육 부서는 학교와 심포니 오케스트라 또는 공연 단체들 간의 교육적 협력과 같은, 문화 기관에서 학생 교육을 극대화하는 우수한 프로그램들을 준비해 놓고 있다.

아동들은 학교 담장을 넘어 다양한 예술 현장으로 확장되는 예술을 알게 되고, 자연스럽게 그런 장소에서 어떻게 행동하는 것이 바람직한지 배우게 된다. 예를 들어 아동들은 연극, 무용, 뮤지컬 등을 관람할 때 언제 박수를 치는지, 다른 청중들과 어느 정도 이야기해도 되고 또 얼마나 목소리를 낮춰 말해야 되는지 배울 수 있고, 또한 미술관에서 작품을 주의 깊게 보되 만져서는 안 된다는 것을 배울 것이다. 이처럼 학교 밖 현장을 처음으로 접하게 되면서 학생들은 일생동안 예술 공연의 청중으로, 그리고 문화 기관의 방문자로 참여할 준비를 갖추게 된다. 실제로 미술관을 자주 찾는 성인들을 대상으로 한 연구는 이중 대부분은 어린 시절에 학교에서 했던 현장 견학(예술 확장 교육)을 통해 그런 활동을 알게 되었다는 것을 보여 준다.[8]

예술 전문 교육

뉴욕 시의 피오렐로 라구아디아 음악 미술 고등학교(영화와 텔레비전 연속극 「페임Fame」은 이 학교를 모델로 삼았다)와 같은 학교에서 이루어지는 학생 생활을 대중 매체들이 묘사하는 방식은 예비 전문 예술인 양성의 기회가 아주 많다는 인상을 주지만, 사실상 그런 기회는 드물다. 입학 기준이 높은 예술 전문 고등학교들은 학생들에게 다양한 예술 형식에 관해 수준 높은 지식을 제공할 뿐 아니라 예술 분야에서 경력을 쌓을 준비를 도와주는 엄격한 예술 교육을 제공한다. 흔히 눈에 띄는 재능을 가졌거나 예술에 확고하게 매진하는, 혹은 양쪽을 다 갖춘 학생들이 예술 전문 현장으로 들어갈 길을 찾는다. 이들은 대학 입학 시 시각 예술 학교에 제출할 작업 포트폴리오, 음악원에 제출할 무용이나 음악 공연 관련 시청각 기록, 그리고 극장이나 뮤지컬 〈공연〉에서 배역을 따내는 데 도움이 될 오디션 기술 등을 습득하고 고등학교를 졸업한다.

예술 분야의 경력 역시 비예술 분야 직종에서의 경력만큼 교육에서 비롯된 가치 있는 결과물이라는 생각은 널리 퍼져 있지 않다. 이것은 사회가 일반적으로 예술가를 규범 밖의 외부인, 즉 결코 평범하게 살아가지 않을 열정적인 개인으로 간주한다는 사실과 관련이 있을 것이다. 그러나 연예계가 케이블 텔레비전과 인터넷으로 확장된 예술 공연 기회를 제공하면서 현장을 변화시키고 있으므로 이 같은 인식은 틀림없이 변할 것이다. 시나리오 쓰기에서부터 카메라 다루기, 디지털 편집에 이르기까지 예술-미디어 기술들이 점점 더 인정받고 있기 때문에, 예비 전문 예술 교육이 일선 학교 안으로 들어갈 수 있는 기회는 더욱 많아질 것이다. 이러한 지형의 변화가 교육 내 예술에 대한 사회적 관심에 긍정적인 효과를 약속하고 있는 한편으로, 몇몇 옹호자들은 기술적인 기능 습득에만 관심을 집중하면 예술을 철학이자 인간 창의성의 절정으로 보는 시각이 흐려질 것이라고 우려한다.

교과 외 예술 교육

아마도 오늘날 교육 내 예술에 대한 가장 일반적인 관점은 예술을 일상적인 정규 교육 과정 외에 교내의 공간과 시간을 차지하는 비학문적인 추가 과목으로 보는 시각일 것이다. 교내의 문예지를 편집하든, 교내 연극에서 연기를 하든, 또는 교내 재즈 앙상블에 참가하든, 예술 참여는 일반적으로 〈정규 교과 외〉 또는 학생 교육에 중요하지 않은 활동으로 간주된다. 이렇게 우선 순위에서 제외되는 것은 예술에 전념하면서 자발적으로 이러한 방과 후 기회들을 선택하는 학생들에게는 시련이 될 수 있다. 방과 후에 활동하는 어린 예술가들은 학업을 원고 마감일이나 주 5일 야간 리허설과 병행해야 하는 어려움을 극복해야 할 것이다.

더욱이 예술이 교과 교육 과정 밖에 따로 배정될 때, 예술 전문가들은 운영 관련 업무를 거의 하지 않는다. 연극 훈련 경험이 없는 영어 교사가 자원해서 근무 시간 후에 학교 연극을 담당하고, 지역 주민들

중 마음씨 좋은 사람들이 초저녁 무렵 진행되는 학생들의 예술 활동을 돕기 위해 시간을 할애하는 식이다. 이러한 참여를 통해 학교와 주변 지역 사회 간의 관계를 공고히 할 수도 있겠지만, 정규 교과 외의 추가적인 예술 학습 활동 현장에서 이루어지는 지도와 학습의 양과 질에 대해 학교 교직원은 거의 관심을 두지 않을 수 있다.

학교가 교과 외 예술 교육 기회를 제공하지 않으면 학부모들은 대개 자비로 이를 해결해야 한다. 그러나 피아노 개인 교습을 시키거나 시립 아동 극단의 단원 자격을 얻는 데 드는 비용은 많은 가정에서는 엄두도 못 낼 정도로 비싸다. 헌신적인 학부모들은 형편에 맞는 대안을 찾겠지만, 예술 교육 경험이 거의 없는 사람들은 자녀들에게 방과 후 활동에 참여하라고 권유할 필요를 느끼지 못하게 된다. 별다른 관심 없이, 그들은 자녀들이 예술 교육 기회를 완전히 놓치는 것을 보게 될 것이다. 시집 출판 비용을 시집을 판매해서 충당할 때에도, 또는 학교 연극이 그 달의 사회 행사일 때에도, 또는 재즈 앙상블이 관객이 꽉 들어찬 강당에서 열릴 때에도, 항상 교과 외 예술 학습 활동 시나리오는 다음과 같은 널리 퍼져 있는 시각을 반영하고 지속시킨다. 〈예술은 좋아요. 그러나 교육이나 인생에 꼭 필요한 건 아니에요.〉

미적 교육

교과 외 예술 교육과 반대로, 미적 교육aesthetic education은 예술을 학생들의 사고와 생활의 모든 측면을 풍요롭게 하는, 의미를 만들고 평가하는 특별한 교육의 장으로 간주한다. 이러한 특별한 철학적 관점에서, 학생들은 예술 작품을 숙고하면서 특별한 분석적 사고 기술들과 인간 경험을 교묘히 투영하는 풍부한 미적 텍스트(책, 시, 영화, 악곡 등)에 익숙해진다. 1960년대와 1970년대에 대두한[9] 미적 교육에 대한 접근은 예술이 제공하는, 그리고 어떤 수업이나 활동에서도 학생들에게 유용할 수 있는 인식 활동(세부에 대한 세심한 주의)과 해석 활동(하나 또는 많은 방식들을 통한 이해)을 우선시한다.

컬럼비아 대학교 사범 대학의 유명한 교수이며 미적 교육 분야의 권위자인 철학자 맥신 그린 Maxine Greene은 뉴욕 시 공연 예술을 위한 링컨 센터에서 추진한 링컨 센터 연구소 Lincoln Center Institute: LCI[10]의 프로그램 개발을 도왔다. LCI에서 제공하는 프로그램을 통해서, 학교 교사들은 예술가들과 협업하여 예술 작품과의 조우가 학습과 인생에서의 경험을 풍요롭게 하는 방식들을 찾아내려고 노력하고 있다(그리고 결과적으로 그들의 교실 수업에 활용될 것이다). 그린 교수는 예술이 우리의 상상력, 세계에 무슨 일이 일어나고 있는지에 주목하고 관심을 가지는 우리의 능력, 그리고 궁극적으로 우리의 위기의식과 긍정적인 변화를 만들어 나가는 우리의 힘에 미치는 영향을 표현하기 위해 〈자각 awakening〉이라는 단어를 사용한다.

일부 예술 옹호자들은 미적 교육이 대문자 〈A〉로 시작하는 낱말(Art)을 피하려는 편법에 불과하며, 예술을 특별하게 만드는, 즉 예술을 직접 경험해 보는 기회에 대한 관심 없이 교육에 예술을 끼워 넣으려는 사고방식으로 보면서 이 개념에 이의를 제기한다. 그러나 미적 교육의 중심적 활동이 예술 작품에 대한 인식이라 하더라도, 이러한 접근을 옹호하는 많은 지지자들(LCI가 여기에 해당한다)은 학생들의 작품 창작을 다른 예술가들의 작품을 이해하기 위한 학습의 중요한 단계로 본다. 만일 어떤 감상자가 자기 자신의 작품을 만든다면, 그는 자기가 공부하고 있는 작품을 제작한 예술가와 동질감을 가질 수 있고 그 작가가 직면했던 문제들과 도전 과제들을 생각해 볼 수 있다. 1980년대에 미적 인식 발달(작품의 의미를 이해하는 능력)을 연구했던 심리학자들은 예술 작업 과정에 공감하는 능력을 가장 높은 발달 단계로 보았다.[11]

아츠 쿨투라

〈아츠 쿨투라arts cultura〉는 우리의 사고와 언어에 스며들어 있는 문화에 관한 다양한 정의들을 예술이 형상화하고 연결하는 방식들을 의미하기 위해 내가 만들어 낸 용어다. 독특하고 개인별로 구분될 수 있는 것부터 인류가 공유하는 문화 전체를 포괄하는 개념까지의 문화나 세계관이 있다는 의미에서, 다양한 형태의 〈문화〉라는 용어는 인간들이 경험을 이해하는 독립된 방식들과 공유된 방식들을 모두 가리킨다. 때맞춰 나오는 대중가요에서부터 오랜 세월 지속되는 고전 교향곡에 이르기까지 예술은 문화적 표현들에 스며 있는 이런 경험에 대한 의미 만들기를 실제로 감지할 수 있도록 형상화한다. 아츠 쿨투라에서, 예술 교육자들은 연속적인 문화 관점들의 표현에서 예술 제작의 역할을 중심으로 교육 과정을 인식하고 구성한다. 간단히 말해서, 당신은 하나의 예로서 내가 아래 나열하는 시각 예술을 통해서, 〈문화〉라는 용어에 대한 견해들 하나하나를 연결하는 일종의 바퀴형 연속체를 상상하게 될 것이다.

1. 소문자 단수로 표기되는 개인의 문화culture. 우리 사이에 있는 표면상의 유사점들과 관계없이 우리 각자가 필연적으로 가지고 있는 독특한 세계관 또는 일련의 이해. 학교에서 각 아동은 그 자신의 문화를 발전시키고 자신의 초기 드로잉에 그것을 표현한다(흔히 볼 수 있는 자신에 대한 재현).

2. 소문자 복수로 표기되는 지역 사회의 문화cultures. 개인과 아주 가깝게 교류하는 집단 구성원들의 세계관과 가족 또는 학교의 문화가 여기에 속한다. 이런 시각들은 예를 들어 주변 지역 예술(건물 외벽의 벽화 형태 등)이나 집이나 학교의 벽에서 아동들이 마주치는 시각 이미지들(재현 예술 또는 종이 콜라주)로 재현된다.

3. 대문자 복수로 표기되는 민족과 민족성이라는 더 큰 문화Cultures. 지역별로 가지고 있거나 지리적, 정치적, 또는 종교적인 체제들로 정의되는 전통에 따른 세계관들. 이러한 시각은 국가들마다 소중히 여기는 예술 작품들에 반영되어 있다(예를 들어, 최소주의적인 중국 수채화나 직역주의 미국 초상화).

4. 대문자 단수로 표기되는 인류의 가장 큰 문화Culture. 인류 전체에서 나타나는 문화로, 아이들이 그린 그림(우리가 시작한 곳으로 이끄

는), 그리고 전 세계 작가들의 그림에 있는 자신과 이야기의 표현적인 묘사에서 볼 수 있다.

예술은 아이들이 자기 자신의 개인 문화를 만들고 교류하는 방식과 다양한 예술 형태에 새겨진 가족 문화 또는 민족 문화 간의 차이와 공통점을 경험하는 방식, 그리고 차이 안에 포함되어 있고 차이를 넘어서 존재하는 인류의 유대 관계를 보여 주는 표현상의 공통적 특징을 발견하는 방식들을 제공한다. 교사들에 따라 정도의 차를 가지고 다양한 상황에서 실현되는 이 마지막 교육 내 예술의 형태에서, 교사들은 학생들에게 문화에 대한 다양한 해석을 소개하고 타인과 자신의 관계와 차이를 발견하고 표현해 볼 기회를 주고자 예술을 활용한다. 2001년 9월 11일,[12] 뉴욕 시 세계 무역 센터의 비극적인 파괴 현장에 인접해 있던 몇몇 학교의 교사와 학생 들이 만든 에세이집에서, 우리는 바로 이런 방식으로 예술이 활용된 사례를 볼 수 있다. 그룹 벽화와 개인의 드로잉들은 말로는 표현하기 어려웠을 학생들의 반응과 경험을 묘사하고 있다. 구두 서술은, 상상조차 할 수 없었던 이 사건을 이해하려는 학생들의 노력을 대학살의 기억을 공유하는 노인들과 이어 준다. 미국에서 자란 이슬람교도 청소년들은 드로잉에 9·11 참사 후 재정의된 그들의 문화적, 문화 간 현실을 표현한다. 용기 있는 교사들은 학생들에게 예술을 통해서만 드러낼 수 있는 깊은 슬픔을 표현할 기회와 도구를 주기 위해 일반 교육 과정을 세쳐 놓았다.

이 교사들은 학생들을 극장과 무용 연습실로 데리고 갔고, 예술가들을 초빙했다. 이들은 학생들이 시와 이야기를 쓰고, 그림을 그리고, 블록을 쌓고, 연기를 하도록 격려했다. 그들이 그것을 〈예술의 치유력〉이라고 부르든 말든, 그들은 본능적으로 알았다. 가르침과 배움의 실체를 속속들이 까발려 드러내 놓고 보면, 학교의 존재 이유는 아이들이 대상을 이해하고 그것을 표현하는 것을 도와주는 데 있으며 예술만이 그 일을 해낼 수 있음을 말이다. 붕괴되는 빌딩들의 먼지와 공포 사이로 그들의 일상이 절망적으로 흔들렸을 때, 이 교육자들은 교사로서 자신들이 지닌 기본적인 책무가 아이들을 안전하고 온전하게 지키는 것임을 분명히 인식했다.

각기 다른 민족과 종교(대문자 복수로 표기되는 문화Cultures)가 공존하는 각기 다르지만 똑같이 위기에 처해 있는 지역 사회(소문자 복수로 표기되는 문화cultures) 안에 사는 아이들이, 개별자로서 지닌 자신의 견해(소문자 단수로 표기되는 문화culture)를 인간성이라는 우리가 보편적으로 공유한 좀 낡긴 했지만 필수적인 견해(대문자 단수로 표기되는 문화Culture)와 연결하도록 도와주려는 가운데, 교사들은 예술에 의지했다. 사건이 발생한 지 5년이 지나 교사들이 썼던 글들에는 학생들의 그림과 시, 이야기가 녹아들어 있다. 교사들도 학생들처럼 사건의 전모를 이야기하는 데 예술이 필요했던 것이다. 사건의 전모는 정보와 기술의 습득을 넘어서 나아가 어떤 관계와 대안적 표현들, 다시 말해 우리를 세상을 이해하려고 애쓰는 인류로 동참하게 하면서도 여전히 차이를 명확히 해주는 그런 관계들과 대안적 표현들로 향한다. 이것이 바로 아츠쿨투라가 의미하는 바다.

교육 내 예술 반대론에 대한 대응: 학교 밖에서 얻은 교훈들

교육에서 예술을 다루는 것에 반대하는 일곱 개의 대표적인 주장은 다음과 같다(그리고 마지막에 실린 주장은 놀라울 수 있다).

1. 가치: 예술은 좋지만 필요하지는 않다.
2. 재능: 예술 학습은 예술 분야에서 경력을 쌓아 나갈 재능을 가진 학생들에게만 유용하다.
3. 시간: 정규 교과 과정에 예술을 포함할 시간은 없다. 더 중요한 교과들을 가르칠 시간도 모자란다.
4. 측정: 예술에서의 성취도는 측정될 수 없다. 표준 학력 고사가 만연한 이 시대에, 우리는 객관적인 방법으로 학생들의 진척 상황을 평가할 수 있어야 한다.
5. 전문 기술: 질 높은 수업을 위해서, 예술은 예술가, 혹은 예술학 분야에 경력이나 기술을 가진 전문인이 필요하다.
6. 자금: 예술은 특별한 준비물, 전문가와 초빙 예술가 급여, 그리고 현장 답사, 공연과 쇼를 진행하고 관리하는 데 들어가는 시간 등을 필요로 한다. 예술은 비용이 많이 든다.
7. 자율성: 학교에서 가르치지 않더라도 예술은 지역 사회에서 살아남을 것이다.

이러한 다양한 반대론들은 늘 예술이 소외되어 있는 학교 환경을 지배한다. 그러나 학교 밖에서 이루어지는 예술 학습, 예를 들어 마지막 반대론이 암시하는 지역 사회 주도의 예술 학습에서 예술이 떳떳하게 학습되는 상황을 지켜보면, 학교 안에서 무엇이 가능할지에 대해 많은 것을 배울 수 있다. 예술의 중요성에 대한 신념을 가지고 교육하는 좀 더 넓은 지역 사회에서, 옹호자들은 이제 교육 과정의 목표 측면에서 예술의 가치를 입증하는 데 시간과 노력을 쏟아야 한다. 상대적으로 제약이 적은 이런 환경에서, 우리는 학교에서 성취될 수 있는 예술 학습의 활기찬 결과물들을 엿볼 수 있다. 옹호자들은 이 결과물들을 통해서 학교 기반 반대론에 대응할 단서를 얻을 수 있을 것이다.

학교 환경에서 힘을 가지고 있는 사람들이 할 수 있는 주장을 가정해서 그 내용을 확장하면서 각 반대론들을 다시 살펴보자. 그리고 대안적인 지역 사회 예술 교육 환경에서 나오고 있는 반응들을 살펴보자. 지역 사회 예술 교육 센터들은 성장과 생존 자체가 그들에게 있어서 도전이라는 점에 주목할 필요가 있다. 많은 교육 센터들은 변화하는 지역 사회의 요구와 운영 자금 부족 사이에서 균형을 잡기 위해 씨름하면서 문을 열고 번창하다가 몇 년도 채 지나지 않아 문을 닫는다. 다음의 관찰 내용은 여전히 활동하고 있는 센터들에 대한 것이며,[13] 수십 년에 걸친 모범적인 운영을 통해서 나온, 교육 내 예술이 번창할 때 일어날 수 있는 가슴 저미는 사례들을 제공한다.

반대론 1: 가치

예술은 좋지만 필요하지는 않다

학교에서 문제를 일으키지 않는 것에서부터 사회에서 성공하는 데 필요한 기술을 배우는 것에 이르기까지 학생들은 많은 부담을 지고 있다. 학생들에게 이러한 책무를 준비시키는 데 중요한 과목들은 독서와 과학, 수학이다. 장식은 필요 없다. 기본이 중요하다. (교육 위원회 위원)

전국적으로 교육에 매진하는 수천 개의 지역 예술 센터들이 있다. 예술가와 학생, 나아가 주변 지역 사회에 기여하고 있는 이 센터들은 여러 가지 면에서 피난처라고 할 수 있다. 무엇보다 이 센터들은 다른 곳에서는 주변화되어 버린 예술 학습을 위한 안전한 장소를 제공한다. 지역 예술 센터는 전국적으로 산재해 있지만, 특히 복잡한 도심 언저리에 많이 모여 있다. 이곳에서 예술가들과 헌신적인 지역 사회 구성원들은 학교에서 배울 수 있는 것보다 질적으로 우수하거나 학교에서는 배울 수 없는 예술 교육을 제공하고 있다. 이 센터들은 학교에서 예술을 교육하지 않을 때 그 대안을 제시해 주는 교육을 제공해 왔다. 학교 행정의 요구 사항이나 제약 조건에 구속받지 않고 센터들에서 자체적으로 개발한 교육 프로그램들은 지난 20년간 예술 교육 연구자들로부터 상당한 주목을 받아 왔다.[14]

대개의 경우 개인적으로 〈삶을 구원하는〉 예술의 힘을 경험한 개인들이 설립한 이 센터들은 예술이 대학 입학 자격시험이나 지능 지수에 미치는 영향을 증명하려고 애쓰지 않는다. 이 센터들은 예술이 위기에 처한 청소년들의 삶에 얼마나 긍정적인 변화를 가져오는지 구체적으로 실연해 보이고 있다. 펜실베이니아 주 피츠버그에 소재한 맨체스터 공예가 협회Manchester Craftsman's Guild[15]의 창립자이자 예술을 통해 지역 사회의 발전을 도모하는 일에 있어서 전국적으로 알려진 유명인사이기도 한 빌 스트릭랜드Bill Strickland는 자신의 개인적 체험을 바탕으로 하여 센터의 중심 교육 프로그램을 구성했다. 빌이 고등학교를 중퇴할 지경에 놓였을 때, 빌의 도예 교사는 그에게 관심을 보이며 그가 계속 도예 작업을 해나가도록 격려해 주었고, 결국 빌이 진로를 변경해 대학 진학을 하게 만들었다. 예전에는 빌이 생각조차 못하던 일이었다. 빌은 자신이 얻은 감동적인 결과를 바탕으로, 맨체스터 공예가 협회의 방과 후 교실에 나오는 위기에 처한 모든 학생을 위해 그때의 진로 전환을 재현해 보려고 노력한다. 지금은 고인이 된 전설적인 알토 색소폰 연주자 재키 맥린Jackie McLean 또한 예술의 힘을 직접 경험했다. 자신의 삶과 경력을 위협하던 마약 습관을 끊는 데 연주가 큰 도움이 되었던 것이다. 맥린은 코네티컷 주 하트퍼드에 〈아티스츠 컬렉티브Artists Collective〉를 설립해 젊은이들이 마약을 끊고 대신 예술 교육과 공연을 통해 강렬한 체험을 하는 장소를 마련했다.[16]

이처럼 지역 예술 센터에서 나오는 전형적인 이야기들은 학교생활에 잘 적응하지 못했거나 못하고 있는, 혹은 학교 다니기를 그만둔 학생들과 관련되어 있다. 센터에서 그러한 학생들은 일종의 권한을 부여받아 왔다. 뮤지컬 제작을 감독하는 일을 하거나 젊은이들의 전시회 개막식에서 기부금을 받고 기록하는 등의 일을 하는 것이다. 그런 학생들이 다니고 있는 학교의 교사들은 센터에 방문했다가 학교에 적응하지 못하거나 문제아였던 학생이 그런 책임 있는 역할을 수행하고 있는 모습을 보고 놀라는 경우가 적지 않다. 교사는 학교에서 센터장에게 고충을 털어놓는다. 「이 학생은 성적도 나쁘고 교실에서 멋대로 행동하고 있어요.」 그러면 맥린의 아내 돌리와 같은 센터장들은 이렇게 대답한다. 「이 아이는 열심히 노력하고 있고 매우 잘하고 있어요. 아, 그리고 걔가 춤추는 모습을 본 적 있어요?」 이 센터에서 청소년들은 새로운 학습과 성장을 위한 새로운 장을 발견할 기회를 가지며 학습에 스스로 책임을 진다. 연극이나 춤 공연에 공동으로 참여하면서, 학생들은 서로를 지지하고 그들 모두를 대표하는 예술적 산물을 만들어 내는 방법들을 찾는다. 돌리 맥린은 공연의 힘을 다음과 같이 묘사한다.

> 아이들은 몰입할 대상이 필요하다는 것은 바로 이럴 때 쓰는 말이다. 아이들이 무언가 할 준비가 되어 있고, 아이들의 부모며 친구, 〈동네〉 아이들까지 모두가 와서 객석에서 공연이 펼쳐지기를 기다리고 있을 때…… 아주 자연스러운 아드레날린이 방출된다. 나는 객석에서 청중 몇몇이 하는 얘기를 들었다. 나는 그들 뒤에 앉아 있었다. 그들은 이렇게 말했다. 「나도 할 수 있는데.」 나는 몸을 앞으로 기울이며 그들에게 말했다. 「그래, 너희도 할 수 있을 거야.」[17]

차이를 받아들이고 사람의 가능성을 믿으면서, 이 예술을 위한 안식처는 청소년들에게 그들 안에 있는 그리고 노래하는 능력, 구성하고 선도하는 능력을 발견할 기회를 끊임없이 제공한다. 학교의 전통적인 〈기본〉에 대해 자신감을 갖거나 잘하는 데 성공하지 못한 젊은 이들은 센터에서 자기표현과 자신의 가치를 대면하는 창의적인 활동을 통해 대안적인 언어를 발견한다. 춤 공연 준비를 위한 고된 작업에서부터 모든 예술적인 결과물에 영향을 끼치는 색채 선택과 움직임의 방향 또는 목소리의 톤을 이해하는 것에 이르기까지, 예술을 하는 학생들은 그 가치를 매길 수 없는 특별한 교훈을 얻는다.

성적이 낮은 청소년들은 학교 생활을 성공적으로 하는 젊은이들과 마찬가지로 예술을 스스로 선택하고, 학교가 예술 학습을 없애면 지역 사회 기반 예술 학습을 열심히 찾아 나선다. 옹호자들과 행정가들이 예술의 가치에 대해 변론하고 비예술 학습에 예술이 중요할 수 있음을 보여 주는 방법들을 생각할 때, 이 학생들은 오직 예술만이 제공하는 학습에 매진한다. 이들은 방과 후에 라디오 방송국에서 방송으로 낭송될 시를 창작하고, 지역 공동체의 주요 공간에 벽화를 의뢰받은 작가처럼 작업을 하고, 자신들의 관심사를 다큐멘터리로 제작하고, 사진을 찍어 자신들의 행복에 시련을 안기거나 고쳐하는 개인과 상황을 미적 프레임에 담는다.[18]

이러한 현장을 연구하는 연구자들은 여기에서 이뤄지고 있는 예술이 어린아이들과 십대들에게 진정한 사업적 만남, 좋은 일자리 기회, 그리고 높은 기대에 부응하는 깊이 있는 참여 경험을 제공한다는 것을 알게 되었다. 예술 작품을 제작하는 일에서부터 전시하고 홍보하는 일에 이르기까지, 이 센터들은 학생들을 이들이 성인이 되어서도 계속 해나갈지도 모를 일들에 참여하게 한다. 영화 촬영을 감독하는 일에서부터 청소년 영화제를 조직하는 일에 이르기까지, 이 젊은이들은 책임을 맡으며 지도력을 키운다. 학생들은 이 센터들에 주인의식을 느낀다. 그들에게는 발언권이 있기 때문이다. 무엇을 배우고 누가 가르칠지에 대해 결정할 때, 그들은 참여를 통해 직접 의사 표시를 할 수 있다. 그들은 교실에 나와서 예술을 위한 이 안식처가 그들에게 제공하는 자기 계발이라는 소임을 다한다. 학생들은 성공을 원한다. 부모, 교육자, 옹호자, 그리고 친구로서 이들에게 기회를 주는 것은 우리의 책무다.

　많은 성공한 예술가들은 이웃에 있는 지역 예술 센터를 그들을 믿어 주고 또한 그들이 자신을 믿는 방법을 배운 장소로 기억한다. 책임 있는 사회적 활동으로서, 이 예술가들은 예술 교육 계획을 수립하거나 지원하면서 자신들이 받은 것을 돌려준다. 비예술 분야에서 일하는 성인들 또한 자주 자신이 음악이나 예술 수업 또는 시각 예술 프로그램에서 보냈던 시간을 그들에게 용기를 주거나 성공에 필요한 자기 훈련을 가르쳐 준 시간으로 인정한다. 많은 지역 예술 센터들은 그들이 가르치는 것을 〈삶을 위한 기술들〉이라고 부른다. 그들이 아이들에게 학교 숙제를 하도록 권하는 만큼(그들은 결코 독서와 수학 또는 과학이 중요하지 않다고 말하지 않는다), 예술 센터들은 아이들이 자신에 대해 책임지는 것을 배우고 자신의 예술 활동에서 개인적인 가능성을 보는 데 도움이 되는 자원으로서 예술을 캐내고 있다.

예술을 평가 절하하는 주장에 대응하는 옹호자들은 예술의 가치를 인정하며 학교 밖에서 진행되는 이러한 교육의 현장을, 학교에서 기초 과목으로 간주하는 비예술 과목들 안에는 아이들이 〈어른 세계에서 성공하기 위해〉 배워야 할 〈중요한〉 수업들이 충분하고 분명하게 들어 있지 않다는 것을 보여 주는 곳으로 거론할 수 있다. 문제의 핵심을 파고드는 시선으로, 예술 옹호자들은 예술이 과학과 수학 같은 과목을 대체하는 것이 아니라 이러한 과목들과 더불어 참여와 진실성, 협력, 관심, 개인의 잠재력에 대한 교훈을 얻는 데 도움을 준다고 주장해야 한다. 이러한 교훈들은 학교에서 이용될 수 있어야 한다. 예술이 아이들에게 비전을 심어 주고 학습한 것을 사용할 수 있는 힘을 주는 순간에 예술은 아이들이 기본적인 것들의 위치와 필요성을 인식하도록 돕는다. 많은 예술 교육 옹호자들은 교육에서 〈기본〉에 대한 대화가 오갈 때 예술이 그 첫 번째라고 간단히 주장한다. 이 생각을 가지고 앞으로 나아가 보자.

반대론 2: 재능
예술 학습은 예술 분야에서 경력을 쌓아 나갈 재능을 가진 학생들에게만 유용하다

아주 소수의 사람들만이 예술가로 성장할 것이다. 확실히 예술에 재능이 있는 아이들은 전통적인 과목들을 아주 잘하지는 못하는 경향이 있다. 그리고 예술 교육은 그들에게 잘할 수 있는 기회를 준다. 하지만 소수 학생들에

게 기여하는 학습을 위해서 일반 교육 과정의 귀중한 시간들을 허비할 수는 없다. (학부모)

우리 중 몇몇은 예술에 재능이 있고 그 능력을 발전시킬 수 있는 가르침이 필요한 반면, 다른 이들은 결코 예술가로 성장하지 않을 것이므로 예술 학습에 신경 쓸 필요가 없다는 생각을 담고 있는 반대론에 대한 간단한 대응법이 있다. 이런 식이다. 〈사람들 가운데 아주 소수의 사람들만이 수학자나 전문 작가가 될 테지만 우리 모두는 수학과 작문을 배워야 해요. 다른 점이 뭐죠?〉

우리 중 재능 있는 자들이나 특정 과목에 지속적인 관심을 가지고 있는 자들이 그 분야의 전문 연구 쪽으로 나아가는 것처럼, 모든 학생들은 더 전문적인 훈련을 원하는 영역인지 아닌지를 결정할 기회를 갖기 위해서만 무언가를 배우는 것이 아니다. 앞서 언급한 대로 예술은 진정으로 우리 모두에게 기본이기 때문에 아이들은 학교에서 예술을 접할 필요가 있다. 〈3R〉*은 학교 교육의 기본이지만, 예술은 학교에 입학하기 전부터 학교를 졸업하고 인생을 살아가는 데 기본이 되는 것이다. 물론 학교에 다니는 동안에도 예술이 기본이 된다면 더 좋을 것이다. 모든 아이들은 학교에 다니기 전부터 춤추고 노래하고 그림을 그린다는 점에서 예술은 기본적인 것이다. 이는 아이들은 선천적으로 예술에 끌리고, 예술에 타고난 재능이 있음을 보여 준다. 또한 사람들은 전 생애에 걸쳐 예술에 둘러싸여 살아가거나 이를 이용할

• reading, writing, arithmetic(읽기, 쓰기, 산술)을 가리킨다.

수 있다는 점에서, 예술은 기본적인 것이다. 한 성인이 연극이나 콘서트에 가거나 목요일 심야 무료 티켓을 활용해 미술관에 가는 등의 활동은 그 성인이 학교에서 예술을 접했는지, 아동일 때 문화 기관에서 알게 되었는지, 또는 예술을 제작하고 실행하는 훈련을 받았는지, 그래서 그가 진정으로 주목하고 진가를 알아볼 만한 지식과 경험을 가지고 있는지의 여부와 많은 관계가 있다.

내가 좋아하는 유명한 교육 철학자 이즈리얼 셰플러는 어렸을 때 바이올린을 착실히 공부했고 그것을 〈꽤 잘한다〉고 생각했다고 말한 바 있다. 그가 교향악단의 바이올린 연주자로 성장했을 수도 있었을까? 열한 살 무렵의 셰플러에게는 가능했을 것이다. 그러나 열두 살 때 그는 라디오에서 세계적인 바이올린 연주자였던 야샤 하이페츠의 연주를 들을 기회가 있었다. 들려오는 그 음악의 힘과 아름다움에 빠져들었을 때, 필연적으로 그는 바이올린 연주자 지망생으로서 연주를 잘하는 것과 명연주자의 천재성 사이에는 큰 간격이 있다는 것을 알게 되었다. 그럼에도 불구하고, 셰플러 교수는 50년이 지나 그 이야기를 하는 순간에도 여전히 황홀경에 사로잡힌 것처럼 이렇게 설명하였다. 「나는 그 순간에 내가 바이올린을 그렇게 열심히 공부했던 이유는 그렇게 해서 내가 야샤 하이페츠의 연주를 진정으로 들을 수 있게 하기 위해서였다는 것을 깨달았습니다.」

한 지역 예술 센터에서 제공하는 심화 학습 과정을 연구하면서, 나는 자주 그 센터의 학생들에게 물었다. 「장래에 전문 예술가가 될 계획이니?」 많은 학생들이 그렇게 되기를 희망했다. 하지만 피아노와 무용, 드럼 강습을 받았고, 학교 성적도 우수했던 한 학생이 아주 훌륭하게 답변했듯이, 더 자주 나온 반응은 다음과 같은 것이었다. 「저는 여기 센터에서 제가 배우고 도움을 받은 것과 같은 방식으로 다른 아이들을 돕고 싶어요.」

「그렇다면 커서 여기서 가르치고 싶니?」

내가 이렇게 물었을 때 그 학생은 다음과 같이 말했다.

「이곳이나 제가 살고 있는 곳에 있는 센터에서 할 거예요. 제가 커서 무슨 직업을 갖게 되던지 상관없이 말이에요.」

예술 교육은 학생들에게 전문 예술가(재능 있는 학생들만이 아니라 아마도 대부분의 학생들에게), 관심이 높은 청중(바이올린 감상자와 같이), 변화의 매개자(성장하여 지역 예술 센터에서 가르치면서 다른 이들을 돕고자 희망하는 여학생처럼)로 성장할 기회를 제공한다. 나아가 이러한 선택권들은 누구에게나 주어진다. 예술가들은 예술은 잘하지만 다른 일은 잘 못한다고 말하는 사람들이 있다. 그러나 많은 직업 예술가들은 책을 탐독하고 우아한 글쓰기를 하며 비예술 학문들에 대해서 광범위하게 이해하고 있음을 작품 속에 드러낸다. 역사상 가장 유명한 예술가 중 한 명인 레오나르도 다빈치는 과학과 예술에 동등하게 관심이 있었고 둘 다에 능했다. 전국적으로 〈다빈치〉라는 이름을 딴 많은 학교들이 있는데, 이 학교들 중에는 예술과 과학, 테크놀로지 중에 한 가지만을 집중적으로 가르치는 학교도 있고, 과학과 예술 둘 다를 가르치는 학교도 있다.[19]

예술은 모든 종류의 장애아들에게 대안적인 형태의 성공 기회를 제공한다. 그리고 많은 창의적인 개인들이 표준화된 학교 상황 안에서는, 아마도 그 안에서만, 다른 방식으로 세계를 이해하여 문제가 되고 있는 것이 사실이다. 그렇다 하더라도 학문적인 과목에서 잘하는 학생들이 예술에 대한 흥미나 요구 또는 예술로 향하는 성향이 없으라는 법은 없다. 지역 센터에서 예술을 배울 기회를 찾는 학생 인구 분포는 젊은이들이 스스로 인식하고 있는 예술 훈련에 대한 다양한 요구들을 반영한다. 일부 학생들은 예술에 대한 열정이나 재능을 가지고 있고 전문적인 훈련을 받고자 한다. 다른 학생들은 그들의 삶에 자기 훈련과 엄격함을 더하기 위해 스스로 또는 부모들에 의해 예술을 배운다. 많은 이들은 협력적인 예술 경험들의 사회화를 추구한다. 그리고 다른 이들은 스스로 선택한 자기 계발을 위해, 또는 교사의 권유로 참여한다.

대부분의 학생들은 단순히 지역 예술 센터가 예술을 진지하게 가르치는 곳이기 때문에 그곳에 간다. 그들에게 설명하고 가르치는 예술 전문가들과 기술 전문가들은 〈앞선 사람들〉이다. 일부 옹호자들은 예술이 흥미거리를 제공하려는 움직임은 예술을 진지한 학습보다는 재미를 위한 공연장으로 만들면서 결국 예술에 반하는 것이라고 주장한다. 진지한 학습이 재미있으면 안 되는가? 예술적 재능을 보이는 아이들이나 다른 영역에서 적응하지 못할 위험이 있는 아이들에게만 그 자리를 한정하는 식으로 교육이 예술을 주변화하려는 움직임은 인간 표현의 극치에서 의미를 만들고 찾는 능력을 얻어야 하는 모든 아이들의 기본적인 욕구를 간과하고 있다.

반대론 3: 시간
정규 교과 과정에 예술을 포함할 시간은 없다

우리 학생들의 독서 점수는 평균에 한참 못 미치고 있다. 아동들이 시험을 더 잘 보는 데 필요한 추가적인 독서 지도를 위해 예술에 활용될 그 시간이 필요하다. (사면초가에 몰린 교사)

자주 등장하는 〈시간이 충분하지 않다〉는 반대론은 〈더 중요한 교과들을 가르치기에도 시간이 모자르다〉는 가치를 확실히 반영하고 있다. 즉 읽기를 배우는 것이 예술을 배우는 것보다 더 중요하다는 것이다. 그러나 이러한 생각은 또한 옹호론자들이 놓친 기회와 의사 결정자들의 오판도 반영하고 있다. 놓쳐 버린 기회는 학교 수업 시간의 길이는 고정되어 있다는 생각에 있다. 과목의 입지를 마련하려고 서두르는 교육 내 예술 옹호자들은 예술을 한정된 시간으로 구성된 교육 과정 안에 어떻게든 끼워 넣을 수 있는 방법을 찾으려고 개별적으로 노력해 왔다. 이러한 샌드위치식 접근은 도구적이며 통합적인 옹호를 부추긴다. 통합적인 옹호에서, 비예술 학습과 동일한 공간과 시간 내에 학습되는 예술이 예술 교실 또는 비예술 교실 둘 중 하나에서 생산될 수 있는 것보다 더 좋은 새로운 결과를 제공하는가에 대한 논란이 있다. 더욱 빈번하게, 고정된 시간에 대한 생각은 앞서 교과 외 예술 교육 모델에서 묘사했던 정규 교과 시간 밖에 예술 학습을 배치하면서, 교과 외 예술 교육 과정의 시나리오대로 흘러가는 장을 마련한다.

방어적인 주장과 접근은, 예술 옹호자들이 교육 과정 전체에 걸쳐서 옹호론자들과 행정가들이 행동을 함께할 수 있으며 정규 수업 시간을 연장하자는 찬성론을 펼칠 수 있는 확실한 기회를 보지 못하고 넘어간다. 최근 몇 년간 많은 옹호자들은 예술 공부를 한 학생들이 대학 입학 자격시험에서 좋은 성적을 거두었다는 연구 결과들을 인용해 왔다.[20] 사실, 예술을 더 오래 공부할수록 그들의 성적은 더 높아지는 경향을 보인다. 그러나 우리는 그 높은 점수에 대한 원인이 예술이라는 것을 증명할 수 없다. 예술 훈련을 많이 받은 학생들이 더 좋은 학교에 다니고 있을 가능성이 크다. 또한 좋은 학교들이 교육 과정에 예술을 포함시킬 가능성이 크고, 모든 과목에서 우수한 교육을 제공할 가능성도 크다. 교육 과정 전체에 걸친 우수한 교육은 높은 점수에 대한 이유가 될 수 있다. 시간이라는 요인에 관해서, 우리는 또한 넓은 범주의 〈우수 학교〉에 빈번히 포함되는 사립 학교들이 공립 학교들보다 더 긴 정규 수업 시간을 가지고 있다는 점에 주목할 필요가 있다. 수업 시간이 더 길면, 더 많은 것을 가르칠 시간이 있다는 것은 분명하다. 시간 반대론에도 불구하고, 옹호자들은 정규 수업 시간 연장에 대한 찬성론을 펼 기회를 잡았을 때 더 나은 지도 방법의 중요성을 인정해야 한다.

지도 방법의 질은 예술 옹호자들이 시간 반대론과 마주하는 또 다른 논점을 제공한다. 그리고 잘못 판단한 추론이 다루어져야 하는 곳은 바로 여기다. 만일 학교에서 읽기 지도가 잘 수행되지 않고 있다면 — 학생들에게 충분한 교육을 제공하지 못하고 있다면 — 우리는 어떻게 읽기를 가르치는지와 그것을 향상시키는지에 대해 비평해야 한다. 누구도 학교에서 비효율적인 수업을 더 받는 것으로 학업을 향상시킬 수 없다. 양질의 교육 시간이 증가하면 어떤 학과 영역의 학업 수행도 확실히 향상되는 반면, 별 효과 없는 방법에 쓰이는 시간은 늘려 봐야 학업이 향상되지 않는다. 한 아이에게 수학적인 개념을 같은 방법으로 계속해서 되풀이하여 설명할 수도 없고, 그런 단순 반복만으로 아이가 설명을 이해할 수 있으리라는 보장도 없다. 시험을 잘 보기 위해 가르친다는 생각은 교사들의 교육학적 자율성 혹은 어떤 주제에 대해 다양한 방향에서 접근하는 자유를 제한할지 모른다. 그러나 재능 있는 교육자들은 하나의 접근 방법이 잘 듣지 않을 때 다른 방법을 시도해야 한다는 것을 안다.

코네티컷 주 하트퍼드에 있는 〈아티스츠 컬렉티브〉에서 무용 강사로 있는 셰럴 스미스는 탭 댄스를 가르치면서 이 원리를 실천으로 보여 주었다. 다른 모든 아이들은 발가락을 올리고 뒤꿈치를 바닥에 반듯이 두는 〈발가락 반듯이〉 스텝으로 이동하고 있는데, 라인의 먼 왼쪽에서 한 어린 소녀는 계속해서 발뒤꿈치만 먼저 바닥에 닿게 해서 걸어 다닐 뿐이었다. 셰럴은 구두로 몇 차례 분명하게 지도했으나 별 효과가 없었다. 「발가락 반듯이, 산드라.」 짜증 내거나 곤란한 기색을 보이지 않고, 셰럴은 아이들에게 〈휴식〉 신호를 내린 후 다정하게 그 어린 소녀를 한쪽으로 불렀다. 바로 가까이에서 시범을 보이면서 셰럴은 무릎을 구부리는 신체적인 암시를 주었다. 「무릎을 안쪽으로 굽혀 봐. 그러면 발뒤꿈치가 위쪽으로 올라올 거야. 이 상태에서 그대로 내려.」 활짝 웃으며, 산드라는 선생님의 설명을 즉시 이해했다. 잠깐 짬을 냈고, 다른 방식을 썼고, 그 아이는 제시간에 다른 나머지 아이들과 탭 댄스를 추었다.

 예술 작품으로 들어가는 많은 지점들이 있다. 그리고 어떤 과목이든 공부해 들어가는 많은 지점들이 있다. 만일 독서 쪽으로 열린 특정한 출입구가 길을 보여 주지 않는다면, 우리는 다른 입구를 시도해야 한다. 그러나 물론 예술이 밝혀 줄 빛을 포기해서는 안 될 것이다. 지역 예술의 현장 사례들은 예술에 참여할 기회를 가진 한 아동이 읽기를 배우는 데 필요한 〈할 수 있다〉는 바로 그 감을 얻을 수 있음을 보여 준다. 예술 학습이 제공하는 필수적인 생활 기술들이 있기에, 우리는 예술을 위한 시간을 찾아야 하고 어떤 이유에서도 그 시간을 양보하지 말아야 한다. 학교 수업 시간을 확장하든지, 아니면 모든 과목들에서 제공하고 있는 지도 방법의 질과 다양성을 평가하든지 간에 교육자들은 예술을 위한 시간을 확보해야 한다. 우리는 읽기 수업 시간을 더 확보하기 위해 수학을 시간표에서 빼 버리거나, 반대로 수학 수업 시간을 더 확보하기 위해 읽기 수업 시간을 시간표에서 빼거나 하지 않는다. 그건 말도 안 되는 일이다. 예술의 경우도 마찬가지다. 다른 수업 시간을 확보하기 위해 예술을 시간표에서 빼 버리는 것은 말이 안 된다. 예술은 아이들이 학교생활을 해나가는 데 있어서 신뢰할 만한 상수(常數)로서 기능할 수 있도록 다른 과목들과 동등한 입장에서 교과 과정에 포함되어야 한다.

반대론 4: 측정
예술에서의 성취도는 측정될 수 없다

예술에서의 성과는 측정될 수 없다. 아이는 아주 거칠게 표현한 그림으로도 혹은 아주 사실적인 그림으로도 높은 성적을 받을 수 있다. 학생의 학습에 대한 판단이나 예술 지도의 질에 대한 판단은 잘해 봐야 독단적이며 최악의 경우에는 주관적이다. 이 경쟁의 시대에, 객관적인 측정은 우리 학교들이 어떻게 하고 있는지를 평가하는 데 필수적이다. (학교 감독관)

예술 학습에서 학업 진척은 측정될 수 없다는 생각, 계산될 수 있는 옳거나 그른 답들이 없다는 생각은 올바르지 않다. 이와 유사하게, 학생들의 예술적 산물들은 객관적으로 측정될 수 없다는 생각(즉 어떤 교사가 단지 한 학생의 작품을 좋아하고 다른 학생의 것은 좋아하지 않는다는 생각)은 순진하다. 지역 예술 센터들은 학생들이 초급에서 중급으로, 다시 고급반으로 이동하는 순차적이고 일관된 — 진지하고 시간이 걸리는 — 예술 지도 방법을 제공한다. 셰럴 스미스의 교실에서 초급 탭 댄스반 학생들은 기본 동작을 배운다. 중급반 학생들은 조합 동작을 공부하고 암기를 시작하고 스텝 연결을 연습하기 시작한다. 그리고 더 숙련된 학생들은 그들이 능숙하게 연기하게 될 무용을 만드는 안무반으로 이동한다.

뉴욕 주 버펄로에 있는 몰리 올가의 〈주민 교실 Neighborhood Classes〉[21]에서 가장 나이 어린 아이들은 색을 혼합하고 색 자체의 음영을 만드는 방법을 배우기 전에 선명한 색들을 사용하고 그 색들을 개별적으로 숙고해 본다. 그들은 아크릴화와 유화 과정으로 이동하기 전에 기본적인 회화 기술을 익혀야 한다. 이 두 현장 모두에서 학생들과 교사들은 발전하기 위해서 익혀야 하는 것이 무엇인지 알고 있다. 교사의 취향이라는 기준 외의 다른 방식으로도 — 거의 틀림없이 어떤 교실에서도 쉽지 않은 과제이기는 하지만 — 모든 예술 영역에서 학업 진척 상황은 측정될 수 있다. 그러나 그것은 양적이거나 수적인 계량이 아닌 개인별 기술 발달에 관한 것이다.

일부 옹호자들은 측정할 수 있는 옳거나 그른 답들을 수반하는 예술의 많은 양상들이 있다고 주장한다. 무용에서 아라베스크arabesque란 무엇인가, 연극에서 핍진성verisimilitude이란 무엇인가, 또는 시각 예술에서 명암법chiaroscuro이란 무엇인가? 학생들은 선다형 시험에서 이러한 질문들에 맞거나 틀린 답으로 답할 수 있다. 그리고 그렇게 습득한 정보는 예술 과목에서 그 학생의 공부에 중요한 부분이다. 그러나 아라베스크의 정의에 대해 그 학생이 옳은 답을 알고 있어도, 움직임을 통한 생각과 느낌의 표현에 관해 그가 이해한 바에 대해서 우리가 무엇을 알 수 있을까? 〈핍진성〉이라는 용어의 의미를 아는 학생이 실제로 그럴듯하게 배역을 연기하는 학생일까? 물론 그럴 수도 있다. 하지만 예술에서의 학습을 옳고 그른 답들로 축소하는 것은 부당한 처사다. 우리가 단지 계산할 수 있는 단위에서 학생들의 지식을 측정하면서 비예술 과목들을 부당하게 취급하는 것처럼 말이다.

이와 같은 견해를 몇 년 전 어떤 지역 교육 컨퍼런스에서 교육자들에게 발표했을 때, 행정가이자 예술 옹호자인 어떤 사람이 예술 학습에서 옳고 그름에 대한 나의 문제 제기에 반대 의견을 밝혔다. 그는 모든 과목에서 옳고 그름을 넘어서 봐야 한다는 나의 호소가 오랫동안 예술을 다른 과목들에 뒤처지게 만든 전형적으로 모호한 사고라는 생각을 내비치면서, 〈우리가 예술 학습을 테스트할 수 있다는 것은 크게 한 걸음 나아간 것입니다〉라고 힘주어 단언했다. 나는 이렇게 답했다. 「예술과 관련된 옳거나 그른 답들이 없다고 말하는 것이 아니에요. 다만 그것이 예술 학습의 가장 흥미로운 면들이 아닐 수 있다고 말하는 겁니다.」 그 사람은 화가 났는지, 허리께에 양손을 얹고 청중 쪽으로 몸을 돌려 조롱하듯이 과장된 격분의 한숨을 내쉬었다. 그 수치스러운 순간에(사실은 정말 흥미로웠다), 그 지역의 수학과 과장이 벌떡 일어섰다. 「수학도 마찬가지예요!」 그녀는 큰소리로 선언하듯이 말했다. 「수학이 흥미로운 점은 그것 또한 옳거나 그른 답들을 넘어선다는 것입니다.」

예술에서 학생들의 전반적인 성과를 숫자로 나타낸 점수로 요약하는 것은 몹시 잘못된 일이다. 그런데 우리 옹호자들이 감히 비예술 과목도 이러하다고 말할 수 있을까? 학생들의 학습 진척 상황이 양적으로 측정될 수 있는 과목들 가까이에 예술을 두는 것을 이해할 수는 있을 것이다. 그러나 예술이 제공하는 학습 진척 상황에 대한 총체적 평가 사례들이 어떤 과목에도 적용될 수 있는 대안 모델들을 생산하고 있다는 것을 잊지 말자. 널리 사용되고 있는 — 학습에 대한 입증으로서 학생들의 활동을 포함하는 — 수행 평가는 지식과 기술의 융합이

전시되는 예술 수행 개념을 연상시킨다.

　예술가들이 발전시킨, 진척 상황에 기초한 포트폴리오 평가의 구체적인 결과물은 전국에 있는 학교들의 관심과 상대적인 성과에 따라 시행되고 있다. 이러한 유형에서, 다양한 과목들에서의 학습 사례들은 마치 그것들이 시각 예술 작품인 것처럼 일종의 포트폴리오에 수행 과정 검토를 위해 저장된다. 학생들의 공부는 특정한 시험에서 답이 맞는지 틀렸는지를 결정하는 폐쇄적인 과정에 의해 고려되기보다는 시간의 흐름(학생의 공부가 초기부터 최근까지 어떻게 변화하고 있는가?)과 맥락(학생은 이 특정한 공부에서 무엇을 성취하려고 했으며 어떻게 그런 결정을 내렸는가?) 속에서 개방적으로 고려된다.[22] 진척되고 있는 예술 작품처럼, 프로젝트들을 다시 살펴보고 편집할 수 있기 때문에 포트폴리오 평가는 프로젝트 기반 학습을 위한 장을 마련한다고 할 수 있다. 효과적인 포트폴리오 평가에는 표준화된 시험의 채점에 드는 시간과 노력과는 비교가 되지 않을 정도로 엄청난 시간과 노력을 요구하지만, 그 평가 과정은 교실 교육 과정을 풍요롭게 하고 지속적으로 진행되는 반성을 통해서 학생과 교사가 친밀한 관계로 나아가도록 유도한다.

　미술가나 배우 또는 무용가들의 작업 발전 과정을 나타내는 〈지속적인 반성〉은 실수가 생산적이라는 것 — 우리는 실수로부터 배우고 전진한다. 우리는 우리가 저지른 실수로 규정되거나 폄하당하지 않는다 — 을 학생들에게 확신시키는 우리의 이해와 능력을 이끈다. 예술 교육 옹호자는 〈잠깐만요, 시험에서 측정될 수 있는 예술 학습의 양상이 여럿 있어요〉라고 말하면서 측정 반대론에 반론을 제기할 수 있을 것이다. 그러나 우리는 학생들의 전반적인 예술적 노력을 숫자로 평가하는 것에 대해 예술 교육자들이 거부감을 가지는 것이 잘못이 아니라는 점을 잊어서는 안 된다. 예술 과목이 학생들에게 응하는, 또 학생들을 평가하는 이 대안적인 방법들은 비예술 과목에서도 따라 해 볼 만한 가치가 있다. 그것들을 〈측정할 수 없을〉 때, 예술은 배움을 평가하는 법에 관해 더욱 많은 것을 우리에게 뚜렷하게 시사한다. 이 방법은 긍정적으로 봐줘도 번잡한 과정이지만, 서슬 퍼런 표준화된 시험에 대한 끊임없는 도전이기도 하다.

반대론 5: 전문 기술
질 높은 수업을 위해서, 예술은 전문인이 필요하다

우리는 예술을 가르칠 전문가들이 필요하다. 학교 교사들은 독서와 수학을 가르치는 것과 같은 방식으로 능숙하게 무용을 가르치거나 시각 예술에 대해 이야기할 수 없다. (교사 감독관)

우리는 학교에서 가르치고 있는 모든 과목에서 해당 과목에 대한 전문 지식이나 기술을 기대하지는 않는다. 그런데도 유독 예술만 예술가이거나 예술 형식에 경험과 기술을 가진 사람들이 가르쳐야 한다고 주장하는 것은 기이한 일이다. 어린아이들을 맡는 교사들은 읽기와 과학, 수학, 이 세 과목을 가르치는 데 필요한 충분한 지식을 갖출 것을 요구받고 있다. 그러나 우리는 초등학교 아이들에게 무용을 가르치기 위해 춤을 출 줄 모르는 교사를 기대하지 않고, 교사 또한 그럴 엄두조차 내지 못할 것이다. 무용은 이런 논의를 하기에 가장 적절한 경우다. 무용은 학교에서 가장 드물게 가르치는 예술 형태이다. 연극의 경우, 우리는 연극 경험이 없는 교사에게 공연을 담당하고 감독해 줄 것을 부탁할 수 있다. 시각 예술의 경우, 미술 수업을 전혀 해본 적이 없는 교사도 아동들이 크레용이나 마커같이 다루기 쉬운 미술 도구들을 탐색하도록 놔두는 데는 자신이 있을 것이다. 그러나 무용은 신체를 능숙하게 다뤄야 할 뿐만 아니라 일상적인 움직임과 예술적 기교를 구분 짓는 몸짓의 유형에 대한 지식도 필요로 한다. 교사가 〈저는 무용 안 해요〉라고 말하기라도 한다면 그녀의 교사 경력은 거기서 종지부를 찍는다.

교실에서 노래하는 것도 비슷한 반응을 일으킬 것이다. 어떤 교사는 자신이 발성법 훈련을 받은 적이 없다거나 목소리가 적절하지 않다고 항의하면서, 〈저는 노래 안 해요〉라고 말할 것이다. 반대로, 훈련되어 있지 않거나 맞지 않다는 이유로 노래 부르기를 면제받는 아이는 없다(최소한 저학년에서는 그렇다). 〈전 수학 안 해요〉라는 변명이 용인되는 초등학교 교사는 없을 것이다. 우리는 아이들에게 충분한 예술 학습을 제공하지 않으면서 그들이 예술을 즐기기를 기대한다. 예술을 피하고자 예술 훈련을 받지 않은 교사들을 기대한다. 그리고 우리는 이런 상황이 지속되는 것이 문제라고 느끼지도 않을 정도로 예술의 가치를 작게 본다.

지금까지 우리가 다루었던 교육 내 예술에 대한 모든 반대론들은 서로 밀접히 관련되어 있다. 분명히 예술 학습의 가치가 더 인정받는다면, 그것이 모든 아이들에게 필요한 것이지 특별하게 재능이 있거나 그러한 교육이 필요한 아이들에게만 요구되는 것이라고 치부되지만 않는다면, 학교 수업 중에 더 많은 시간이 예술에 할당될 것이다. 측정과 관련된 논란에 대해서 보면, 진행 중인 작업을 발전시키는 예술가들의 과정 지향적 자세가 가장 찬양할 만한 모델일 것이다. 이 모델은 계산력으로 득점할 수 있는 많은 요인들을 배제하지 않을 것이다. 그리고 또한 이것을 허용하는 것이 중요하다. 이 모델은 교육을 전체로서 평가하는 데 기여할 것이다. 결국, 아동이 발전시키고 있는 교육 경험이라는 작품은 예술 작품과 다르지 않다. 아무리 우리가 이 모델을 예술가의 관점에서 다룬다 해도, 숫자로 나타낸 점수는 아동의 관심을 받을 만하다. 그러나 그 아동이 학습에 대해서 무엇을 배우고 있는지 ─ 실수에 대해 어떻게 해야 할지, 학습을 진전시키는 좋은 질문들을 어떻게 해야 할지, 그리고 학교에서 습득한 많은 기술들을 가지고 세상을 어떻게 이해해야 할지 ─ 에 대해 더 고려해야 할 것이다.

예술에 우호적인 시나리오에서, 우리가 예술 학습과 관련지어 생각하는 전문 지식 및 기술 ─ 우리가 거기에 예술가들만이 가지고 있는 필수 지식이나 훈련, 또는 마법조차도 있다고 생각하게 만드는 특별한 특성 ─ 에 대한 견해는 과목들의 경계를 가로질러 확장될 것이다. 예술가들만이 전문 지식과 마법을 가지고 있다는 이유로 교실에 예술가만을 초대하는 대신에, 우리는 과학자와 수학자 역시 전문 지식과 마법을 가지고 있으므로 이들을 초대할 것이다. 모든 교사들은 예술에 대한 상당한 전문 지식을 갖추고 있을 것을 요구받을 것이다. 아이들과 함께 음악이나 춤을 통해서 감정을 표현하는 데 충분히 편안함을 느낄 만큼. 아이들에게 책상에서 일어나 앞으로 나와 칠판을 갈색 종이로 덮는 것을 도와달라고 부탁하고 그 위에다 같이 그림을 그리는 데 자신감을 느낄 만큼. 교사가 쑥스러움을 느끼지 않고 「해피 버스데이」 같은 생일 축하 노래가 아닌 진짜 노래를 지도할 수 있을 만큼. 예술에 친숙한 이런 교사들은 예술 전문가들로 대체될 필요가 없다. 오히려 그들은 수업 시간에 예술을 가르쳐도 될 만큼 충분한 전문 지식과, 예술 교사와 과목의 경계를 가로질러 의사소통하는 데 아무런 불편함을 느끼지 않을 정도로 충분한 자신감을 갖출 것이다.

교사들은 예술을 향한 우리의 태도를 반추하고 모델을 만들어 낸다. 예술이 그 가치를 인정받는다면, 교사들은 신경을 쓰면서 관여할 것이고 학생들의 예술 창작과 모든 예술 영역의 창작품들을 향한 그들 자신의 긍정적이고 열렬한 관심을 공유할 것이다. 교사는 아이가 종이 위에 크레용을 칠한 것을 보고 단지 〈잘했어〉라고만 말하지는 않을 것이다. 교사는 아이의 작품을 세심한 주의를 기울일 가치가 있는 것으로서 존중할 것이다. 또한 예술 작품에 대해 질문을 받을 때, 작품을 세심히 관찰하고 이를 모델화할 수 있을 정도로 자신감과 지식을 갖출 것이다. 「종이 위에서 네가 그은 선이 어디로 가고 있는지 볼까. 여기서 어떻게 위로 올라갔다 이리저리 움직이고 있는지 말이야. 선생님은 마치 이 선을 따라 같이 움직이는 것처럼 느껴지는구나.

그리고 봐, 지금 선생님은 대단한 꼬마 예술가인 네가 종이 이 부분에 칠하기로 선택한 밝은 녹색 땅에 쾅하고 부딪쳤어. 이런 작품을 보게 되다니 정말 운이 좋은데.」

예술을 가르치는 일을 전문가들에게 떠넘기는 것은 재능이 있는 아이들만 예술을 배우게 하겠다는 것과 다를 바 없다. 어느 과목이든 사정이 다르진 않겠지만, 예술에 관심이 있는 학생은 고급 교육과 전문 직업 교육을 받기 위해 전문 교육 기관을 찾을 필요가 있을 것이다. 그러나 노련한 교사는 미술가, 무용가, 배우, 그리고 음악가다. 그가 바로 독자, 작가, 수학자, 철학자, 과학자인 것과 같다. 교사들이 학생들과 함께 적극적인 학습자로서 용기를 가지고 예술을 탐구하도록 배려할 때, 〈저는 예술 안 해요〉라고 쉽게 말하는 — 12세에 이른 대부분의 아동들이 그러한 것처럼 — 아이는 아무도 없을 것이다.

반대론 6: 자금
예술은 비용이 많이 든다

전문가들에 대한 추가 급여에서부터 그들이 필요로 하는 물품과 공간에 이르기까지, 예술은 일상적인 학습의 살과 뼈에서 마치 지방처럼 손질해 내야 할 비용이 많이 드는 사치품이다. (교육부 재정 담당자)

자, 항상 돈이 문제다. 그리고 예술은 특별한 물품들, 전문가와 초빙 예술가 급여, 그리고 현장 답사, 공연과 쇼를 위한 행정적인 시간

등을 필요로 하는 것으로 인식된다. 절제된 기금 위임에 대한 요구는 전인적 교육으로서 아동 교육이 지닌 모든 측면들을 가능하게 하는 시간, 공간, 재정적인 지원을 진정으로 바라는 행정가들의 손발을 묶고 꿈을 가린다. 예술 학습의 본질을 위해 변론할 때, 옹호자들이 기억해야 할 것은 학교 재정 담당자들은 물론 세금을 내는 누구라도 교육 내 예술에 대한 투자로부터 비중 있는 보상이 돌아올 것이라고 설득해야 한다는 것이다.

수백억 달러의 가치가 있는 산업인 뉴욕 시 문화 기관들을 이용하는 관객의 고령화는 확실히 공립 학교에서 예술을 다시 가르치는 데 필요한 재정 지원에 대한 논의를 불러일으켰다. 예술 교육은 미술관, 음악회, 극장, 무용 공연 참석률의 강력한 예측 변수라는 발견은 예술 회복의 동력을 제공했다. 아이들을 대상으로 한 예술 교육은 그들의 정신과 영혼을 풍요롭게 하는 것 이상을 한다. 분명히 필요한 것은 그런 예술의 가치를 보여 주는 것이다. 예술 교육은 문화 경제의 안녕에 기여하는 배려심이 많은 인구를 만들어 낸다. 한편으로, 예술이 우리 아이들과 사회를 위해서 기여하고 있는 측정될 수 없는 무엇 때문에 우리가 예술을 강조하고 있다는 견해는 좀 이상할 수 있다. 또 다른 한편으로, 우리는 예술에 투자하여 얻게 되는 금전적 이득이 있다고, 여기 미래 사회에서 〈예술 소비자들〉이 될 우리 아이들의 교육이 있다고 제안하고 있다. 그러나 이러한 것들은 인정이나 대가 없이 작업하는 〈가난한 예술가〉 또는 명성과 부를 모두 얻은 〈예술계의 대가〉에 관한 정형화된 이미지들이 공존하는 것과 같이 중요하고 상호 배타적인 현실들이 아니다.

　예술 교육 또는 그 결과물의 상업적 활용을 매도하는 일부 예술 교육 옹호자들이 있다. 예를 들어 이들은 도전적, 교육적, 예술적 표현과 반대되는 예술 학습과 연예계의 연대, 또는 예술이 가볍고, 상업적이며 재미있는 것으로 이해되는 것을 거부한다. 이들은 텔레비전 쇼 또는 비디오 게임과 같은 오락 양식을 이용하거나 이를 통하는 〈에듀테인먼트〉를 거부하고, 대중 매체가 순수 예술의 〈저속화〉에 기여할 뿐만 아니라 보다 고상한 예술 학습 목표를 저해한다고 생각한다. 다른 옹호자들은 학생들이 학교 밖에서 열중하고 있는 미디어를 통한 학습 기회를 가치 있게 여긴다. 그들은 예술에 대한 이러한 논의들이 금전적인 수익과 관계있는 사회에서 역할을 할 수 있다는 점에서 아주 적절하다고 보고 있다. 일부 교육자들은 예술적 상징들을 부당하게 이용하는 미디어에 대해 비판적인 견해를 내놓는다. 다른 이들은 어떤 특정한 회화에 미술관이 얼마나 지불했는지 또는 예술 작품들의 상대적인 금전적 가치는 무엇으로 설명되는지 등의 질문들처럼 눈에 띄는 이슈들을 탐색한다.

　매일매일의 학교 재정 현실에서 돈 문제를 다시 설정하면, 걱정스러운 예술 교육 비용이 학교와 넓은 지역 사회 사이를 맺어 주는 긍정적인 연결의 근원이 되어 왔다는 것은 좀 역설적인 것 같다. 학교에서 만드는 연극 작품들은 티켓 판매를 통해서 자주 자립한다. 연방 정부의 자원들이 새로운 예술 교육 과정을 개발하기 위해 학교에 기금을 배당하는 바로 그 순간에도 지역 사업들과 국립 재단들은 특히 특정한 예술 계획들에 기여한다. 학교 내 예술을 지원할 필요 때문에 서서히 진전되고 있는 연계들, 이를테면 현장 학습을 위해 버스를 제공하는 지역 미술관, 셰익스피어 프로젝트의 자금을 대는 국가 예술 기금, 초빙 예술가들에게 돈을 지불하기 위해 빵 바자회로 돈을 마련하는 사친회 등은 지역 학교에 대한 관심과 애정을 끌어들이고 더 넓은 공동체에 대한 학교의 연대감과 애착에 긍정적인 영향을 준다.

필요에서 온 예상치 못했던 비금전적 혜택을 넘어서, 학교 예술에 할당된 지역 예산으로부터 나오는 전체적인 기금 배당은 끊임없는 근심거리다. 예산은 감소한다. 무엇인가 중단될 필요가 있다. 여기서 예술이 1순위고, 다음으로 체육이 퇴출되어야 하는 〈엑스트라들〉이다. 우리는 어쩔 수 없이 학교 내에서 체계적인 육체 활동의 부족과 관련 있는 비만 아동의 증가를 보기 시작한다. 예술의 삭제는 줄어드는 학교 출석률 및 만족도와 관련 있을 것이다. 예술 학습 부문의 예산 삭감으로 인해 학생들의 의욕과 활기는 눈에 띄게 줄어들었고, 경험에 의미를 부여하는 과정의 즐거움도 확연히 감소했다. 이러한 현상은 눈에 띄지 않은 채로 아주 깊은 곳에서 일어나고 있으며, 이를 바로잡기 위해서는 교육 내 예술에 할당된 기금들 내에서 가장 터무니없이 증가한 예산보다 훨씬 더 많은 비용이 필요할 것이다.

반대론 7: 자율성
예술은 학교 지원 없이도 그 지역 사회에서 살아남을 것이다

우리가 교육 과정에서 수학을 중단해도, 지역 수학자들이 우리 아이들을 가르칠 지역 사회 수학 센터들이 갑자기 주변에 생겨날 가능성은 거의 없다. 그러나 예술은 언제나 학교가 예술을 방치하면서 만들어 내는 빈 공간을 채우는 지역 예술가들에 의해 자생해 왔다. (교육 연구자)

교내 반대론에 대응하는 활동을 학교 담장 너머에서 진행되는 사례들에 비추어 보면, 예술의 자율성을 기반으로 한 반대론은 아이러니하게 뒤틀려 있다. 학교가 예술 교육을 제공하지 않을 때 학교 밖에 있는 센터들이 학교를 대신해서 예술 교육을 제공하는 것은 전적으로 사실이다. 실제로, 1960년대에 학교 예술 교육의 감축에 대한 반응으로 이러한 센터들의 개관이 급증했었다. 본래 사회 복지관 지원의 일환으로 지난 세기의 전환기에 설립된 초기의 지역 예술 센터들은 새 이민자 세대들에게 시장성 있는 기술을 전수하는 예술 수업을 제공했다.

이후 수년간 이러한 전통은 계속되었고 도시 환경에서 예술 프로그램 제공 장소로 확장해 나가는 예술 센터들과 함께 성장하였다. 1960년대에는 앞서 언급한 하트퍼드에 설립된 〈아티스츠 컬렉티브〉를 도시 청소년들에게 마약에 대한 대안으로 예술을 제공한다는 개념으로 보았다. 그리고 피츠버그의 맨체스터 공예가 센터를 위기에 처한 청소년들에게 대학에 진학할 기회를 소개한다는 개념으로 보았다.

유사하게, 로스앤젤레스의 〈플라사 데 라 라사Plaza de la Raza〉는 라틴계와 멕시코계 미국인 청소년들에게 〈처음 목소리first voice〉라고 불리는 기법을 통해서 예술을 통해 그들 자신의 문화를 표현하고 그들 자신의 이야기를 하는 방법을 소개했다. 시카고의 불러바드 예술 센터Boulevard Center for the Arts는 예술을 통해 서로 이질적인 문화 간의 이해를 쌓아 가면서 주변에 사는 다양한 배경을 가진 학생들의 비전과 함께 출발하였다.

1970년대 뉴욕 시의 지역 사회 센터들은 예술 교육이 배제됨으로써 손상된 학교 조직의 복구를 돕기 위해 일하고 있었다. 할렘의 〈칠드런스 아트 카니발Children's Art Carnival〉은 초빙 예술가들을 일선 학교에 배치했다. 〈할렘 예술 학교Harlem School for the Arts〉는 전국에 산재해 있는 다른 센터들처럼, 학생들이 양질의 예술 교육을 받을 수 있도록 그들을 버스에 태워 센터로 데리고 갔다. 시카고의 〈어번 게이트웨이스Urban Gateways〉와 비슷한 성격을 가진 뉴욕의 〈스튜디오 인 어 스쿨Studio in a School〉, 그리고 〈영 오디언시스Young Audiences〉의 전국 조직은 일선 학교에 양질의 입주 예술가 프로그램과 공연 프로그램을 제공하려는 도전에 나섰다.

이 당시 이러한 우수한 대안적 접근들은 학교 예술 전공자들에게는 위협적인 것으로 보였다. 이들의 걱정에는 근거가 없지 않았다. 이들 전공자들은 지역 사회가 학교 내 예술 교육에 대안을 제공하면, 그동안 존속하던 얼마 안 되는 교사들과 예술 교육 시간이 현장에서 사라질지도 모른다고 우려했다. 예술 학습을 가치 있게 인정하는 지역 공동체에서는, 이러한 지역 기반 제공 프로그램들이 학교 예술을 대체하는 것이 아니라 그것의 질을 높이고 확장하는 것으로 간주한다. 그러나 이 센터들이 제공하는 교육 프로그램들의 질, 그리고 좀 더 최근에 사회 복지에 관심을 가진 미술관들에 의해 제공되는 프로그램들의 질은 근시안적인 반대론의 길을 열어 주었다. 〈만일 지역 사회에 그렇게 많은 실행 가능한 대안들이나 더 좋은 선택지들이 있다면, 왜 우리가 학교 안에서 예술 교육에 시간과 돈을 낭비해야 하는가?〉

이 반대론에 대한 동료 옹호자들의 대답은 분명하다. 지역 사회의 예술 교육은 의식 있는 개인들이 스스로 선택할 때 주어지는 반면, 예술에 대해 거의 모르거나 예술에 대해 알 필요가 있는 대부분의 아이들은 오직 예술이 학교 교육 과정의 한 부분일 때만 접하게 될 것이다. 학교가 교육 과정에 예술을 포함시킬 때 말하고자 하는 바는 자명하다. 〈예술은 중요하다. 예술은 교육에 중요하다. 예술은 사회에 중요하다. 그리고 예술은 당신에게 중요할 것이다.〉 예술에 대한 학교의 지지, 즉 예술 언어를 통해서 어휘들을 배우고 그들 자신의 이야기를 만들고자 하는 학생들의 요구에 대한 학교의 지지와 맞먹는 것은 아무것도 없다. 학교는 사회의 축소판이다. 학교는 사회를 반영할 뿐만 아니라 사회에 영향을 미친다. 학교가 학생들에게 인생에서 차지하는 예술의 중요성에 대해 말하게 하고, 그것을 학생들을 통해 말하도록 하자.

2
교육 내 예술 찬성론

5세 아동이 그린 동물 이미지

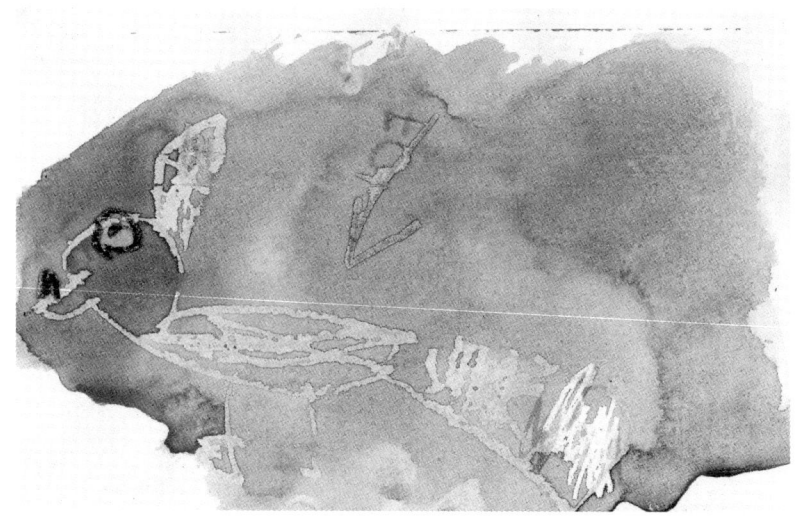

매체: 〈긁어내기〉 (크레용, 템페라, 긁기 도구)

서막: 왜 예술을 비예술 학습의 관점에서 정당화해야 하는가?

워싱턴에 있는 한 예술 옹호 단체가 기획한 예술 교육 실무자 및 연구자 회합에서는, 교내 예술이 흔히 마주하는 과제들에 대한 이야기로 가득했다. 평가(예술이 학생들의 학습에 미치는 영향을 어떻게 측정할 것인가), 전이(예술에서 배운 것이 어떻게 다른 과목들로 건너가는가), 연구(우리가 이 과제에 대해 알게 된 모든 것).[1] 이 쟁점들은 워싱턴에 위치한 한 예술 기반 고등학교 교장의 열정적인 발언으로 환기되었다.

우리는 예술 안에서 그리고 예술을 통해서 학생들을 교육합니다. 이런 노력의 결과로 학생들은 학교에 나오고 학업을 중단하지 않습니다. 학생들의 삶은 더 나아지고, 거리에서 방황하지 않고, 자신의 장래에 대해 생각합니다. 그러나 이들의 점수가 오르고 있습니까? 우리는 아직 우리 학생들을 통해서 그런 결과를 보여 줄 수 없습니다. 이 아이들은 아직 겨우 학교에서 수업 시간을 전부 채우기 시작했을 뿐입니다. 우리 예술 옹호자들은 예술에서 기인한 긍정적인 아이들의 생활 변화에 신경을 쓰고 있습니다. 그러나 사람들은 오직 측정될 수 있는 것들만을 원합니다. 재단과 학교 임원들이 신경 쓰는 것은 시험 점수가 오르는지의 여부입니다. 예술 교육이 학업 성취도 평가 점수를 오르게 한다는 연구들은 어떻습니까? 그런 연구 결과들은 진짜입니까?

이 단체 소속의 회합 참석자들은 대학 수능 시험 점수를 올리는 예술, 특히 시험을 보는 아이들이 잘사는지 못사는지 또는 그들이 다양한 상황에서 위기에 처해 있는지 아닌지의 여부와는 관계없이, 예술 학습이 시험 점수에 긍정적인 효과를 미칠 수 있다는 사실에 대한 최근의 연구 결과들을 다루기 시작했다.[2] 이러한 증거에도 불구하고, 연구자들이 점수 상승은 예술 학습의 결과라고 말할 수 없다고 한 것에는 어떤 의미가 담겨 있을까?[3] 그 모임의 한 연구자는 어떤 연구에서도 그 원인을 입증하기는 어렵지만, 여기서는 너무나 많은 다른 요인들이 학생들의 생활에 혼재되어 있어 예술을 연구 결과의 단일 요인 또는 주요 원인으로 파악하기가 어렵다는 것을 의미한다고 설명했다. 더 많은 예술 교육을 받은 학생들이 더 좋은 학교에 들어갔을지도 모른다. 아니면 그 학생들은 예술 교육에 우선순위를 두고 있는 가정에서 자랐을지도 모른다. 즉 학업 성적을 올리는 데 관심을 가진 부모들이 학교 안팎에서 예술 교육을 중시하는 것일 수도 있는 것이다. 「왜 그들은 이 연구에 이의를 제기했죠?」 그 학교장이 물었다. 「어떤 부류의 연구자들이 예술을 위해 싸우고 있는 우리에게 도움이 되는 연구 결과를 반박하려 하죠?」 회의 석상에 있는 사람들이 걱정스럽게 서로를 쳐다보았다. 어느덧 연구자들은 〈그들〉의 범주에 놓이고 있었다. 학교 예술 교육의 진보를 가로막는 자들로 말이다. 연구자들이 우리에게 늘 좋은 소식을 전해 줄 책임이 있는 것은 아니지 않은가?

몇 년 전, 담임 교사들에게 자기 반 학생들의 예술 재능을 파악한 다음 이들이 예술 교육과 예술적 도전 과제들을 더 받도록 해서 이들의 재능을 키울 것을 요구하는 흥미로운 예술 강화 프로그램이 있었다. 교사들은 평상시에는 부정적인 학습 태도로 인식되었을 행동에 대응하기보다는, 그런 행동을 예술적 재능을 가리키는 가능성으로 생각해 보라는 요청을 받았다. 품행을 해석하는 데 있어 이 〈예술 징후arts promise〉 렌즈를 사용하면서, 교실에서 산만하게 뛰어다녔던 아이는 숨겨진 댄스 재능을 가진 아이로 간주되었고, 삐딱하게 쳐다보거나 흉내 내는 것을 좋아하는 아이는 연기에 가능성을 가진 아이로 간주되었다. 이 아이들은 벌을 받는 대신 무용과 연극 훈련을 받았다. 결과는 어땠을까? 교실에서 주의가 몹시 산만했던 아이는 무용이나 연극에 집중하였으며, 인정받을 수 있었다. 무용이나 연극을 통해서 이 아이는 궁극적으로 규정하기는 힘들지만 자신이 소중한 독립체임을 인식하고 자긍심을 얻게 되었고, 다른 학과의 학업 수행으로까지 노력을 전이하는 모습을 보였다.

그러나 이러한 놀라운 일을 일으키고 이 아이의 학업 수행에 영향을 미친 것이 무용과 연극이었을까? 아니면 교사 차원의 근접 관찰, 즉 긍정적인 시각으로 너를 주목하고 있다고 말하는 재능의 추구와 인정이었을까? 아니면 무용이나 연극 교사의 인정이었을까? 개인으로서 타인에게 받은 인정이 여기에서 진정한 변화의 동인이 되었을까? 예기치 않은 활동에서 재능을 인정받으려고 하는 태도와, 보상과 인정에 대한 약속이 과학이나 수학의 교육 현장에서도 쉽게 행해질 수 있을까?

사우스브롱크스의 한 학교는 브롱크스 댄스 시어터Bronx Dance Theater의 교육 담당자를 초청하여 뉴욕 시에서 읽기 점수가 가장 낮은 4학년 교실에서 주 2회 발레를 가르치게 한다는 결정을 했다. 발레 수업을 받은 지 1년 후, 그 아이들의 읽기 점수는 상승했다. 이것은 무용을 배우는 것이 학생들의 읽기 점수에 긍정적인 효과를 가져왔다는 확실한 증거로 보이지만, 그렇지 않을 수도 있다. 브롱크스 댄스 시어터 단원들의 방문을 승인했을 때, 이 학교의 교장은 예술가들에게 주중 가장 결석이 많은 매주 월요일과 금요일에 방문해 줄 것을 요청했다. 교장은 예술가가 인기 있는 사람이 될 것을 알았고, 그의 판단은 옳았다. 그 무용가의 방문으로 매주 월요일과 금요일의 출석률은 상승하였다.

왜 읽기 성적이 상승했을까? 주 2회의 추가 수업 때문이었을까? 초빙 예술가에 의해 활기차게 된 교실 분위기에 교사도 고무되어 융통성과 활력을 발휘한 것일까? 아니면 일부 우리 같은 예술 옹호자들이 바라는 바와 같이, 눈과 손의 협응 능력 또는 발레 수업을 통해서 습득한 주의력이 아이들의 읽기 능력에 전이되었기 때문일까? 전이 개념은 예술 학습의 정당화에 동원되는 가장 필사적인 수단 혹은 실행 가능한 수단으로서 불가피하게 자주 고려된다. 아이들이 예술품 만드는 법이나 감상하는 법만 배우고 있다고 걱정하지 마라. 그러한 능력은 글자 읽기와 숫자 세기 또는 그들이 직면하게 될 수 있는 어떤 학업 상황에서 비판적으로 생각하기 등 더 중요한 기술들로 전이할 것이다.

왜 우리는 예술을 다른 과목들의 관점에서 정당화해야 하는가? 매사추세츠 주 우스터에 있는 한 젊은 초등학교 교사[4]는 그림의 세부를 고찰하고 그 의미를 토론하면서 오랜 기간 동안 예술 작품을 봐왔던 학생들이 작품을 본 적이 없는 학생들보다 과학 실험을 더욱 철저하게 수행하고 더 세부적인 정보와 도해를 가지고 그 실험 내용을 기록하는 것을 관찰했다. 우리가 과학 교육이 효과적으로 이루어졌는지에 대한 판단을 아이들이 예술 작품을 주의 깊게 공부하고 토론하는 능력에 따라 평가해도 괜찮을까? 그렇다 치더라도, 이러한 제안은 예술 학습의 유용성을 학생들의 대학 입학 자격시험 점수를 올리는 것으로 판단하겠다는 생각과 얼마나 다른가?

그 자체로 충분한 가치를 지닌 것을 전이를 통해 그 가치를 증명할 이유는 없다. 바로 여기에 문제가 있다. 예술은 학교에서 그 자체의 권리를 인정받지 못하고 있다. 그렇기 때문에 예술 학습 옹호자들은 예술 학습의 가치를 보여 주는 — 증명하는 — 연구들을 기대한다. 그리고 〈아이들이 예술을 통해서 배우는 것은 무엇인가?〉라는 질문은

〈아이들이 예술을 통해 배우는 것이 무엇이든 간에 그것이 중요한 이유는 무엇인가?〉로 변화된다. 예술을 제외시키는 가치 체계에 이의를 제기하는 대신에, 우리는 잘못된 가치 체계의 관점에서 가치를 보여 주는 데 급급하다. 한편으로, 예술은 번역될 수 없는 언어다. 우리는 우리가 춤추는 것을 정확히 말할 수 없고, 우리가 그리는 것을 노래할 수 없다. 예술의 각 상징 체계는 의미를 독특하게 구성한다. 그러나 우리는 학생들에게 그들이 춤추고 그리는 것에 대해 말하고 적어 보라고 권하면서 예술 경험을 〈가치 있게〉 만드는 데 바쁘다.

매사추세츠 주의 또 다른 학교에서, 한 예술 교사는 우스터의 교사에게 아주 도움이 되었던 학습 도구를 좀 더 테스트해 보기 위해 대학 연구자들과 함께 작업했다. 어떻게 그 수업이 미술 작품 감상을 즐겼는지, 그리고 작품의 의미와 발표에 대한 일련의 질문들에 반응하였는지에 대해 질문받았을 때, 그 미술 교사는 학교가 아주 적은 시간을 할애하는 과목에 대해서 학생들이 가장 가치 있게 보는 것이 무엇인지를 말해 주었다. 그녀는 예의를 갖추어 대답했다. 「글쎄요, 학생들은 그것이 흥미롭다고 생각했어요. 그러나…… 그 아이들은 주당 한 번 손을 사용해서 무언가를 만드는 그날을 정말 기대하고 있어요.」 학생들은 다른 과목들이 제공하지 않는 기회, 즉 물감이나 종이, 연필이나 찰흙으로 무언가를 만들거나 음악이나 연극 공연을 구성해 볼 기회, 예술적 자원들로 독특하게 전개한 그들 자신의 아이디어로 창조한 무언가를 세상의 한 공간에 채워 볼 기회를 예술에서 찾고 있다.

예술 활동은 다른 학업 활동과 공유되는 면을 가지고 있다. 또한 거의 틀림없이 다른 과목들도 그러하듯이, 예술 학습은 다른 종류의 학습에 영향을 미칠 것이다. 35명의 청소년들로 이루어진 나무랄 데 없는 아 카펠라 탭 댄스 a cappella tap dance 공연에 들어가는 절제력과 힘든 훈련은 다른 상황에서 습득할 수도 있을 것이다. 그러나 당김음을 쓰는 학생들의 집단적 탭핑 소리와 그들의 활기에서 나오는 광채, 관객의 참여, 그들이 느끼는 특별한 자부심 등 공연의 가장 중요하고 소중한 면들은 오직 예술 공연을 하는 바로 그 순간에만 있다.

예술 활동에서 가장 중요한 것은 독특함이다. 그리고 이 활동들은 독특하게 만족감을 주고 좌절감을 안긴다. 아이들은 대안으로서의 예술적 경험에, 이전에는 없었던 무언가를 만들어 내는 특이함에, 다양한 예술 매체를 통해서 생각을 유형화하는 즐거움에 끌린다. 예술 제작 활동이 학생들을 미래의 예술 생산자로 키워 내든 아니면 예술 감상자로 키워 내든 간에, 예술 제작 활동은 각 개인에게 경험에 형식을 부여하기 위해 미적 상징을 이용하는 인간 고유의 활동을 수행하면서 자기 자신과 마주하는 순간을 허락한다.

예술을 통해서 인간성을 경험하고 알게 되는 것이 선다형 시험에서 정답을 골라내는 것보다 중요한 일이 아니라면, 우리는 당장 우리의 가치들을 재검토하고 수정하는 일에 나서야 한다. 그리고 다른 과목의 시험을 잘 보기 위해서라도 예술 교육이 필요하기 때문에 예술을 가르쳐야 한다는 식으로 타협해서는 안 된다. 우리는 예술 교사들과 예술 연구자들의 노고를 치하하지는 못할망정 엉뚱한 질문으로 그들의 귀중한 시간을 빼앗는 짓을 하지 않도록 주의해야 한다.

다른 과목들에 적용하는 것과 같은 제약 조건들을 가지고 어떻게 예술을 가르치고 평가하는지 스스로 묻는 짓을 완전히 그만두자. 오히려 지금은 다른 과목들의 지도와 평가 개선을 위해 예술이 제공하는 모범적인 모델들을 어떻게 사용할 수 있는지 우리 자신에게 물어보아야 할 때다. 예술은 모든 아이들의 학습에 포함되어야 한다. 시험 점수를 높이기 위해서가 아니라 개인들에게 미적인 상징들을 통해서 의미를 만들고 발견하는 데 필수적인 도구들을 제공하기 위해서 말이다. 예술은 모든 아이들의 학습에 포함되어야 한다. 후손들이 환경과 문화, 시간을 가로질러 예술을 통해 지속되고 있는 인간 소통에 참여할 수 있게 한다는 더 중요한 목적을 위해서 말이다. 워싱턴에 있는 예술 기반 고등학교 교장은 〈하지만 학업 성취도 평가는 어떻게 합니까?〉라고 물으며 의혹을 제기하는 사람들에게 맞설 논리와 어휘를 필요로 한다. 그러면 이렇게 대답하자. 〈하지만 우리에게 가장 중요한 것은 어떻게 하죠?〉

예술의 독특한 특성과 학생들이 배우는 것

무엇보다 우리는 교육 내 예술은 예술을 독특하게 가르친다는 것을 분명하게 밝혀야 한다. 예술 학습이 학교 안팎의 많은 비예술 수업들과 활동들 안으로 들어서는 길을 찾는 동안, 시각 예술 수업은 기술을 지도하고 학생들이 그리고, 칠하고, 조각할 기회를 제공하는 데 특히 더 기여하고 있다. 또한 학생들이 작품을 보는 경험을 얻는 곳도 시각 예술이다. 위대한 예술가나 또래 학생들, 그리고 그들 자신의 작품을 이해하고(그것의 의미는 무엇인가?) 비평하는(그것이 얼마나 효과적인가?) 경험을 하게 되는 것이다. 음악 교실에서 음악 기술 배우기, 무용 교실에서 무용 기술 배우기 등 모든 예술 형태에서 마찬가지로 이런 경험을 얻게 된다. 우리가 〈방법에 대한 지식 knowledge how〉, 즉 어떻게 예술 형태를 만들고 수행하고 이해하는가를 배우고, 〈사실에 대한 지식 knowledge that〉, 즉 예술 형태에 대한 실제와 정보를 습득하는 곳은 예술 교실이다. 이 모든 것은 틀림없이 중요하다. 순수한 〈예술을 위한 예술〉의 관점에서, 옹호자들은 수학과 과학, 역사가 그 자체의 권리로 중요하듯이 예술도 그러하다고 주장할 것이다. 예술 내 교육이 필수적인 이유는 오로지 그로 인해서만 당신이 예술을 배우기 때문이다.

뒤이어 나오는 논의에서, 나는 이 주장을 가지고 예술(일부 또는 모든 예술 형태들)에서 독특한 것이 무엇인지, 그리고 우리가 교육 내 예술에서 배우는 무엇이 독특하다는 것인지에 대한 더 넓은 관점으로 대화를 확장한다. 전술한 서막과 이 책의 다른 곳에서, 나는 비예술 과목들의 학습에 이로운 것으로 예술 학습의 가치를 따지는 진부하고 대중적인 논쟁들을 비난한다. 이 시점에서 나는 예술의 가치를 증명할 필요가 있다는 우리의 생각에 구애받지 않고, 예술 학습이 제공하는 것이 무엇인지를 다루는 과제를 수행하고자 한다. 나는 우리 자신이 작품을 생산하고 의미를 만들 때, 또는 다른 사람이 만든 작품을 공부하고 이해할 때 우리가 무엇을 배우게 되는지에 초점을 맞춘다.

1장에서 교육 내 예술에 대한 반대론에 대응하면서, 나는 예술 학습의 가치를 간과하는 견해들에 도전하거나 그것을 반박하는 예술 학습의 양상들을 찾아보면서 어쩔 수 없이 방어적인 자세를 취했다. 여기서 나는 자유로운 시선으로 예술의 독특한 특성들과 이러한 특성들 때문에 예술이 독특하게 가르치는 것들을 살펴본다. 바로 이런 비(非)방어적인 관점으로부터, 옹호자들은 예술이 교육 안에서 또는 교육을 위해서 맡는 독특한 역할을 되찾을 수 있을 것이다. 나는 예술 학습의 이러한 특징들이 옹호자들에게 화두로, 또한 교육에 예술을 포함시키기 위한 근거로, 양해를 구하는 데서 나아가 그 중요성 및 가치를 정당화하는 데 쓰이길 바란다.

나는 음악 만들기와 듣기, 창의적인 글쓰기와 읽기, 춤추고 관람하기, 그리기와 보기에도 똑같이 적용된다고 믿는 예술의 양상들을 파악한다. 이런 접근이 넓게 사용되길 바라는 한편, 나는 또한 이런 접근이 예술 과목들 사이에 지속되는 많은 흥미롭고 중요한 차이들을 간과하고 있다는 것을 안다. 예를 들어 무용과 드로잉 사이, 그리고 무용을 배우는 것과 드로잉을 배우는 것 사이에는 현저한 차이가 있다. 무용 교실에서 유일한 순간을 위해 마련된 무대를 가로지르는 방법을 배우는 것은, 영속성을 가지고 있고 다시 보고 바꿀 수 있는 종이 위에다 원근법으로 그리는 방법을 배우는 것과는 매우 다르다. 그리고 각각의 학생들은 서로 다른 이유로 다양한 예술 실행 무대에 끌릴 것이다. 그러나 분명한 예술 교육 옹호를 위한 노력의 일환으로, 나는 공통분모들에 초점을 맞추고 있다. 그리고 나중을 위해서 또는 다른

이들의 작업을 위해서 이러한 강렬하고 아주 흥미로운 차이들에 대한 연구와 논의를 아껴 두고자 한다.[5]

나는 예술 작품의 다음과 같은 특징 때문에 예술이 학교 과목들 가운데서도 독특하다고 주장한다. 구체적인 생산물, 감정에 대한 주목, 모호성, 과정 지향, 연관성. 이러한 특징들과 관계된 10개의 특별하고 유용한 예술 학습 결과들은 아래와 같다.

1. 구체적인 생산물
   - 상상력
   - 작용 주체
2. 감정에 대한 주목
   - 표현
   - 공감
3. 모호성
   - 해석
   - 존중
4. 과정 지향
   - 탐구
   - 반성
5. 연관성
   - 참여
   - 책임

이어지는 논의에서 나는 이 관계들에 초점을 맞춘다. 예를 들어, 구체적인 생산물을 가지고 있는 예술의 독특한 특성은 상상력과 작용 주체에 관한 학습 결과를 위한 장을 마련한다. 감정에 대한 주목은 특히 표현과 공감에 관계된다. 한편, 여기서는 예술 학습의 양상들이 다양한 특성들로부터 상당히 깔끔하게 짝지어 나오는 것으로 보이는 반면, 또 다른 대화에서 이들은 재배열될 수도 있을 것이다. 예를 들면, 참여와 해석의 교훈들은 예술에서 보여 주는 과정 지향의 관점에서 고려될 수도 있을 것이다.

요약하면, 나는 예술과 예술 학습의 독특한 특성들을 명료하게 제시한다. 그러나 내가 해놓은 이런 분류가 예술의 다양한 특성들의 질적 균일함과 이 특성들이 예술 학습에 영향을 미치는 범위를 모호하게 하지 않기를 바란다. 함께 존재하고 서로 영향을 주고받는 예술의 다섯 가지 확인된 특성들과 마찬가지로, 이 특성들은 이들이 각각 개별적으로 제공하는 예술 학습에도 서로 다른 정보들을 준다. 우리의 학교에서 예술을 보존하기 위한 근거들로서, 이러한 특징들은 자애롭고 사려 깊으며 책임감 있는 인간의 교육에 필수적인 것으로서 예술을 변호하는 선언문이 될 수 있다. 각 특성의 세부와 관련된 학습에 대해 좀 더 살펴보자.

독특한 특성 I.
구체적인 생산물 — 상상력과 작용 주체

예술은 구체적인 생산물을 수반한다. 한 아이가 그리고 있는 그림이든, 한 무리의 아이들이 무대 위에서 보여 주고 있는 연극이든, 듀엣 댄스든 또는 합창 공연이든, 거기에는 우리가 예술이라고 부르는 보거나 만지거나 들을 수 있는 무언가가 있다. 이것은 예술의 중요하고 독특한 특성이고 따라서 교육에서 예술이 맡은 역할도 그러하다. 수학이나 과학에서 학생들이 문제를 이해하고 새로운 정보를 발견하는 기술을 습득하는 것처럼 예술에서도 그러하다. 역사나 사회를 공부할 때 그 과목에 대해서 얻어야 할 더 많은 지식, 시험에서 학생들의 답이 옳거나 틀리다는 사실에 기반을 둔 지식이 있는 것처럼 예술에서도 그러하다. 그러나 다른 과목들과는 달리, 예술은 학생들에게 만들어지기 전에는 거기에 없었던 어떤 새로운 그들 자신의 발명품을 창조하도록 허용한다. 그리고 어떤 새롭고 형체가 있는 것, 즉 생산물(진행 중인 작업에서도)은 아동의 재량으로 변화되거나 완성될 수 있다.

나아가, 아동이 발전시키고 있는 산물은 그것이 그림이든, 무용 공연이든, 독창적인 노래이든, 결코 맞거나 틀리지 않다. 역사상의 특정 사건에 잘못 부여된 날짜, 또는 단어에 대한 부정확한 정의는 틀린 것이다. 그러나 그림, 연극, 또는 선율은 결코 그렇게 될 수 없다. 우리가 작품이 〈말하고 있다〉고 생각하는 것에 대해 서로 의견이 다르거나 그 작품이 만들어진 방식을 좋아하지 않을 때조차도 그 작품은 틀린 것이 아니다. 아이들은 그들이 만들고 있거나 만들어 낸 실재하는 예술 작품이나 어떤 공연의 비디오나 녹음 테이프를 보거나 들을 수 있다. 그리고 어떻게 지금 그것을 변화시킬 수 있을지 되돌아볼 수 있다. 만일 그들이 그 작업을 다시 한다면, 아마도 그들은 나무 그림에 노란색을 더 칠하거나 그들이 처음에 했던 버니 댄스의 도입 부분에서보다 조금 더 높이 뛸 것이다. 이러한 반복은 그 아이가 다른 때보다 더 나은 예술 작품을 만들 수 있게 할 것이다. 그러나 교사가 명확하게 맞거나 틀리다고 볼 수 있는 퀴즈의 답과는 달리, 아동의 독창적인 예술 생산물에는 확실하게 맞고 틀린 답이 없다. 원작에 대한 판단 기준은 오직 그 아동에게 맞는지 살펴보는 것 외에는 없다.

우리가 〈교육 내 예술〉에는 맞거나 틀린 답이 없다고 말할 때는, 예술가들과 공연자들 그리고 역사상의 예술 시기들에 대한 풍부한 정보와 같은, 사실적 정보로 가득한 예술의 양상들을 말하고 있는 것이 아니다. 우리는 예술가가 그것을 통해서 이해한 세계, 그리고 관객들이 그것을 통해 그들 자신의 새로운 이해에 도달한 예술적 산물을 말하고 있는 것이다. 그리고 나중에 논의할 것으로서, 우리는 예술가와 관객이 창작과 실재하는 생산물인 예술 작품에 대한 숙고를 통해서 만든 세계에 대한 느낌을 말하고 있다.

최근에 풍경 화가인 앨런 화이팅Allen Whiting과 이야기하면서, 나는 그에게 그의 말과 마구간 그림에서 내가 본 것에 대해서 말했다(그림 2-1 참조).

나는 내가 그 작품의 주위를 돌아다니면 볼 수 있게 되는 빛의 변화

그림 2-1 「말과 마구간」(1999) 앨런 화이팅 작.

캔버스에 유채. 다리 미셸의 사진

가 어떻게 나에게 희망과 가능성을 생각하게 했는지, 마구간 앞에서 머리를 숙인 채 풀을 뜯고 있는 말의 모습에서 내가 어떻게 가정집에서 발견하는 건강함을 상기하는지 설명했다. 그가 실제로 생각한 바는 무엇이었을까? 그는 말했다. 「글쎄요, 모두 가능할 것 같군요. 제 생각을 말씀드리자면, 마구간 앞에서 풀을 뜯을 때 이 말은 그런 식으로 머리를 숙여요. 그리고 빛은 제가 이 그림을 그리던 오후 그때 바로 그 방향이었고요.」 어쩌면 지금 앨런은 내가 해주었던 이야기 때문에 그 작품에서 가정집과 가능성을 보았는지도 모른다. 어쩌면 지금

그림 2-2 여섯 살 때 저자가 그린 그림

셸락을 바른 신문 인쇄용지에 포스터물감. 다리 미셸의 사진

 나는 특정한 장소에 있는 특정한 말을 기록하고자 했던 그의 선명한 의도를 좀 더 분명하게 이해했는지도 모른다. 각자가 개인적으로 어떻게 이해했든 간에, 우리는 둘 다 새로운 발견들과 함께 다시 되돌아올 수 있는 대상 — 그의 작품 — 을 가졌다.
 최근에 나는 지하실의 밀짚 트렁크 안에서 내가 여섯 살 때 그렸던 그림을 발견했다(그림 2-2 참조). 반세기도 더 지났지만, 그 그림은 신문 인쇄용지 위에 그려져 있었음에도 불구하고 잘 보존되어 있었다. 나는 태양 오른쪽에 아직도 또렷이 남아 있는 셸락shellac 자국을 발견했다. 그리고 나는 그림이 〈정말, 정말〉 완성되었다고 확신했을 때, 달콤한 향의 셀락을 바르던 1940년대와 1950년대의 미술 교실이 얼마나 신나는 곳이었는지 기억했다. 셀락이 색감을 약간 어둡게, 그러나 황홀하게 했다. 그것은 그림을 윤기 나게 했다. 아마도 이 그림을 그만큼 오랫동안 보존한 것은 셀락이었을 것이다. 내가 기억하는 한, 그것은 내가 그림을 처음 그렸을 때의 상태 그대로 색을 유지해 왔다. 나는 이 작품을 즉시 알아보았다. 그리고 등에 약간의 오싹함을 느끼며 나의 시선은 곧바로 내가 이 작품에서 유감스러워했던 — 내 눈에 잘못되었던 것처럼 보였던 — 부분으로 향했다.

이 그림은 내가 어떻게 그리는지 알고 있던 대상들로 이루어져 있었다. 즉 내가 도식이나 배운 기교로 표현할 수 있는 사물들이 그려져 있었다. 우리는 이미지나 다른 아동들의 그림으로부터 많은 것을 알아낼 수 있다. 예를 들어, 둘레에 뻐죽 뻐죽 튀어 나온 선들이 있는 둥근 원은 태양을 표현하는 데 자주 쓰일 것이다. 직사각형 위에 삼각형을 그려 얹으면 집이 될 것이다. 나는 언덕을 표현하기 위해서는 가로로 곡선을 그으면 된다는 것과 나무를 표현하기 위해서는 수직으로 선을 하나 그은 다음 아래쪽으로 처진 선들을 몇 개 더 그려 넣으면 된다는 것을 알았다. 이글루를 그리기 위해서 내가 자주 사용했던 반원들은 또한 원뿔형 천막을 나타낼 수도 있다. 그리고 소녀들의 윤곽을 그리는 데 사용했던 과장된 고수머리는 카누를 타고 있는 북미 원주민의 깃털 머리 장식으로 과장될 수도 있다. 비록 이 그림은 시골 호숫가 풍경에 관한 이미지였지만, 나는 신호등과 비행기를 그리는 방법을 알고 있었다. 그림의 구성이 허전해 보였기 때문에 나는 그것들도 추가하였다.

그 나이 또래 아이들이 대부분 그러하듯이, 나는 사전에 별로 계획을 하고 그림을 그린 것이 아니었고, 가까운 사물들을 더 멀리 있는 것들 앞에 그리는 겹치기 기술도 충분히 익히지 못한 상태였다. 이런 이유로 내가 신호등을 추가할 때, 내가 이미 칠해 놓았던 큰 구름을 피하기 위해 그것을 기울여 그려야 했다. 나는 호수에서 수영을 하는 누군가를 원했으나 그런 그림을 그리는 법을 몰랐다. 나는 그려 놓은 분홍색 수영하는 사람의 안쪽에서 머리 위로 뻗는 손들, 발차기로부터 나오는 흰 방울들을 그리는 모험을 했다. 그녀를 그렸던 50여 년 전, 나는 내가 그 장면에 얼마나 실망했었는지를 기억했다. 그 밖의 모든 것들이 깨끗하고 〈올바른〉 듯했지만, 그 거친 작은 수영하는 인물이 모든 것을 망쳐 버렸다고 생각했었다. 이 그림을 보는 지금, 내가 가장 좋아하는 부분은 바로 그 수영하는 인물이다. 그 인물은 기쁨을 주는 행위와 모험을 상징한다. 지금 나에게 전체 이미지는 오히려 이 작품의 여걸이라 할 수 있는 이 맹렬하게 헤엄치는 인물의 배경인 것 같다.

이 작품에 대한 나의 이해와 감상은 시간이 흐르면서 변했다. 그리고 그 제작 과정은 오로지 사물의 영속성으로 인해 회상 가능하다. 그 생산물, 즉 사고와 학습이 새겨져 있는 구체적인 무언가는 교육에 함축성을 주는 중요한 예술의 특성들 중 하나다. 그 생산물은 아동의 상상력이 작용하는 방식을 드러내고 기록한다. 그리고 그 아동의 개인적인 영향, 한 주 또는 반세기 후에 볼 수 있는, 차이를 만드는 그의 능력을 분명히 보여 준다. 예술적 생산물에 관하여 논의해 보자. 예술 학습이 독특하게 제공하면서, 예술이 우리 아이들의 교육에서 영구히 자리해야 하는 근거인 처음 두 개의 교훈을 살펴보자.

상상력: 교육 내 예술은 학생들이 주어진 것을 넘어서 생각하고 〈어떨까?〉 하고 상상하도록 만든다.

작용 주체: 교육 내 예술은 학생들이 유효성과 변화의 주체인 자기 자신의 중요성을 경험하게 하고 〈내가 중요하다〉는 사실을 일깨워 준다.

어린아이에게 아무것도 그려지지 않은 종이 한 장과 두툼한 크레용 네 자루를 주는 순간, 〈어떨까?〉라는 생각은 시작된다. 파란 선을 종이를 가로질러 죽 그으면 어떨까? 내가 이쪽 이 공간에 빨간색 크레용을 앞뒤로 움직이며 색칠하면 어떨까? 종이 위에 우유를 조금 부은 다음 손으로 문지르면, 달리는 토끼의 발자국처럼 종이 위에 점들을 찍기 위해 크레용을 위에서 아래로 내려찍으면 어떨까? 어떨까? 그런 인식과 밀접히 관련된 것은 〈내가 중요하다〉는 사실의 이해다. 내가 이 다음에 하는 무언가는 차이를 만들고, 변화를 가져오고, 내가 상상한 가능성을 실현할 것이다.

한 학교 연극의 첫 공연에서, 아이들은 흰 종이의 가장자리로 한정된 공간과는 성격이 다른 공간에서 〈어떨까?〉의 가능성을 경험한다. 만일 내가 목소리를 아주 크게 한다면 어떨까? 내가 창조하는 배역이 얼마나 개성적일까? 만일 내가 재빠르게 움직이고 눈을 크게 뜬다면 그녀는 어떻게 보일까? 또는 내가 걸음을 늦추고 고개를 낮게 숙이거나 부드럽게 고함을 지른다면 어떨까? 내 목소리, 나의 흉내 내기, 내 움직임 그리고 소리. 이것들은 차이를 만든다. 내가 중요하다.

　만일 내가 어두운 크레용 선들로 그림의 윤곽을 나타낸다면 어떨까? 얼마나 더 강렬할 수 있을까? 만일 내가 나와 같은 한 소녀에 대한 이야기를 쓴다면, 그러나 나처럼 아파트에 사는 대신에 나무 위에 살고 있다면, 그리고 만일 밤에 자러 가는 대신에 밤새 숲에서 노래를 부른다면 어떨까? 만일 내가 내 이야기의 결말을 바꾼다면 어떨까? 만일 내가 배경을 초록색으로 칠한다면 어떨까? 내가 피아노를 치기 전에 눈을 감고 어떤 곡을 연주하는 나 자신을 상상한다면, 나는 무엇을 상상할까? 그러면 어떨까? 만일 내가 무대를 가로질러 춤을 출 때 내 발걸음을 낮게 유지하는 대신에 무릎을 높게 올리면 어떨까? 내 소묘, 내 글, 내 그림, 무용에서의 내 연기, 음악에서의 내 연주. 이것들은 차이를 만든다. 나는 변화가 일어나거나 일어나지 않게 만든다. 내가 중요하다.

　만일 전쟁이나 가난, 편견 또는 사람들의 권리나 필요에 대한 무시가 없어진다면 어떨까? 만일 내가 종이, 피아노, 또는 무대 위에서 만들 수 있는 다른 현실들과 차이들을 상상할 수 있다면, 내 주위에 있는 그 〈생산물〉을 얼마나 다르게 만들 수 있을까? 내가 예술에서 실현하는 상상력과 작용 주체가 나를 얼마나 멀리 데리고 갈까? 만일 내가 그림이나 연극으로 창조한 세계를 상상하고 변화시킬 수 있다면, 나는 주어진 것을 넘어서 더 위대한 세계의 대안적 가능성을 볼 수 있는 사람이 아닌가? 내가 변화시킬 능력을 가지고 있기 때문에, 나는 그 안에 차이를 만들 수 있지 않은가?

예술은 학생들이 결과물에 나타난 변화의 영향을 볼 수 있게 하고, 변화를 발명하고 이행하는 자신들의 능력을 경험하게 한다. 교육에서 예술을 통해 길러지는 상상력은 비예술 과목들에서 학생들이 예를 들어 과학적 도전에 대한 대안적인 접근 방법을 상상하는 데 도움이 될 것이다. 그러나 바로 예술 학습의 핵심 경험인 예술적 생산물의 창조를 통해, 학생들은 주어진 것을 넘어서 스스로 상상하는 것의 중요성, 즉 자기에 의해 결정되고 실현되는(〈내가 중요하다〉) 가능성(〈어떨까?〉)을 상상하는 것의 중요성에 대해 구체적인 증거를 가지게 된다.

독특한 특성 2.
감정에 대한 주목 — 표현과 공감

비록 예술이 만들기와 감상하기 둘 다에 있어서 특정 유형의 사고에 관여한다는 것이 분명하다 하더라도, 예술은 독특하게 정서의 세계와 관련되어 있다. 우리는 수학이 우리에게 숫자들이나 더 복잡한 상징들의 조합으로 생각할 것을 요구한다는 것, 과학이 우리가 훈련받은 방식들을 요구한다는 것, 낱말들을 통해서 역사적 사건들이 전해지고 기억된다는 것을 이해한다. 우리가 예술을 다른 과목들에 비유할 때, 우리는 예술의 각각 다른 상징들에 관해 이야기한다. 시각 예술에는 선과 붓놀림이, 무용에는 움직임과 몸짓이, 그리고 음악에는 음표와 음이 있다. 그리고 우리는 이 상징들이 수학처럼 해독될 수 있고, 과학처럼 체계적으로 분석될 수 있고, 역사처럼 읽힐 수 있다고 말한다. 우리가 모든 과목들이 예술처럼 우리 주변 세계에 대해 이해하고 그 세계에 대한 우리의 지식을 진전시키는 접근들이라고 주장할 수 있다 해도, 오직 예술만이 명확하게 인간 감정을 표현하고 공유하는 쪽으로 인도한다.

우리는 젊은이들에게 그들이 시적인 언어의 예술적 기교를 통해서 불운한 두 젊은 연인의 열정과 비애에 대해 경험할 수 있도록, 셰익스피어가 남긴 불후의 16세기 비극 「로미오와 줄리엣」을 읽어 보라고 한다. 우리를 눈물짓게 하는 것은 느낌을 표현하고 끌어내기 위해 선택된 언어의 아름다움이다. 이와 유사하게, 우리를 흐느끼게 하는 것은 「웨스트사이드 스토리」에서 흘러나오는 레너드 번스타인의 마음을 휘젓는 음악이다.

우리는 어떻게든 우리의 감정을 움직이는 작품을 기대하고 대개 그것에 기초해 작품을 평가한다. 우리는 어떤 영화를 보고 나서 유감스러워하며 이렇게 말할 것이다. 「어떤 등장인물도 제 관심을 끌지 못했어요. 그래서 그들에게 이런저런 일들이 벌어져도 도무지 슬프다는 기분이 들지 않아요.」 「그 그림은 분위기가 어둡고 음울하지만 제게는 슬퍼 보이지 않아요.」 우리는 무용수나 화가의 기술적 감각에 대해 말하곤 한다. 하지만 우리가 예술 또는 예술적 기교로 평가하는 것은 감정을 드러내고 일으키는 그들의 능력이다. 우리는 어느 피아니스트에 대해 이렇게 말할 것이다. 「그는 음표 하나 놓치지 않았지만, 그의 연주는 차갑고 아무 감정이 없었어요.」「그녀의 춤사위는 흠잡을 데 없이 완벽했지만, 아무것도 표현하는 게 없어요.」 비록 현대 예술가들이 예술을 위해 새로운 형식과 목표를 탐색해 오긴 했지만, 예술을 인간의 감정에 형식을 부여하는 것으로 보는 관점은 계속 지속되고 있다. 그리고 이러한 관점은 무엇이 예술을 고유한 것으로 만들어 주고, 특히 아동 교육에 필수적인 부분으로 만들어 주는지에 대한 우리의 논의와 관련되어 있다.

예술은 다른 과목과 달리 감정을 다루고, 이를 구현하고, 전달하며, 불러일으킨다는 사실은 교육 내 예술의 또 다른 두 가지 근거를 위한 자리를 마련해 준다.

표현: 교육 내 예술은 학생들이 자신들의 감정을 인식하고 표현할 기회, 다시 말해 〈이것이 내가 느끼는 방식이다〉라고 인정할 기회를 준다.

공감: 교육 내 예술은 학생들이 다른 이들의 감정을 인식하고 관심을 갖도록 도와준다. 다시 말해 〈이것이 당신이 느끼는 방식이다〉라고 인식하는 것을 도와준다.

나는 거의 20년 전에 수행했던 한 연구에서 여러 연령대의 아이들과 성인, 전문 미술가들에게 감정을 그림으로 그려 달라고 요청했다. 〈행복을 그리세요〉, 〈슬픔을 그리세요〉, 〈화난 것을 그리세요〉. 부탁하면서 별다른 설명은 덧붙이지 않았다. 선과 느낌 사이의 연관성에 대한 보편적인 해석을 표현하면서, 모든 다양한 참가 집단이 그린 그림들은 슬픔을 표현한 그림에 낮은 쪽으로 축 늘어진 곡선들을, 행복한 그림에 둥글게 위로 향한 선들을, 화난 그림에 들쭉날쭉한 두꺼운 선들을 보여 주었다.[6] 게다가, 이러한 연관성에 대한 인식은 나이와 경험에 따라 증가하는 듯했다. 성인 예술가들은 예를 들면 화가 난 선들이 눌려 나오게 하기 위해 의식적으로 마커를 아주 세게 눌렀다. 어린아이들은 그들의 드로잉에 좀 더 이끌리는 듯했다. 자의식 없이 그들은 화난 표정을 지었고, 그 화난 느낌이 그들의 드로잉에 표현될 것으로 생각하면서 마커를 세게 눌렀다. 내가 세 살 난 한나에게 〈슬픔〉을 그리라고 했을 때, 그 아이는 크레용을 내던지고 돌아서서 방을 나가려 했다. 「슬프지 않아서 그릴 수가 없어요!」 한나는 내게 소리쳤다. 그때 한나에게 화가 난 드로잉을 부탁했다면 좋았을 것이다.

어린아이들은 움직임을 표현할 때 선과 색에 연결되는 만큼 움직임과 소리에 연결된다. 여덟 살짜리 아이들에게 행복한 듯이, 슬픈 듯이, 혹은 화가 난 듯이 바닥을 가로질러 이동해 보라고 요청해 보라. 그러면 이들은 감정을 움직임으로 똑같이 표현한다. 아이들은 행복을 표현하기 위해 즐거운 듯이 폴짝폴짝 뛰어가고, 슬픔을 드러낼 때는 몸을 축 늘어뜨린 채 천천히 움직일 것이다. 그리고 화가 났다는 것을 보여 주기 위해 붉으락푸르락 인상을 한껏 찡그리고 가슴을 쿵쿵 칠 것이다. 피아노를 칠 줄 모르더라도, 아이들은 행복한 소리를 내기 위해 건반 오른쪽의 높은 음으로 손을 뻗을 것이고, 화가 났다는 것을 표현하기 위해 낮은 음역의 건반들을 세게 두드릴 것이다. 유치원의

그림 2-3 4세 아동의 〈슬픈〉 감정에 관한 표현적인 소묘

인형 놀이 구역에서 역할 놀이를 하느라 바쁜 네 살짜리 아이는 버릇없는 아기 역할을 하는 아이를 향해 진짜같이 손가락을 떨면서 화를 낸다. 반면 아기 역할을 하는 아이는 몸을 웅크리고 진정으로 부끄러워하며 고개를 떨어뜨린다.

아주 어린 아이들도 예술을 통해 감정을 어떻게 표현하는지, 그리고 그것이 그림이든 무용이든 아니면 연극 공연이든, 예술적 생산물을 통해서 느낌을 어떻게 주고받는지 안다(그림 2-3 참조). 우리는 단지 선을 그릴 크레용과 물감, 무용을 할 개방된 공간, 연극 공연을 위한 소품과 배경, 배우고 사용할 악기들을 제공하면 된다. 예술은 다른 과목들과 달리 아이들에게 그들의 느낌을 형상화하고 소통하는 매개와 기회를 제공한다.

불행하게도 예술 옹호자들은 냉철한 표준 시험에서의 학업 수행이 성취의 비결인 이런 중요한 시기에 아무도 부드럽고 개인적인 예술의 장래성에 관심이 없다고 믿으면서 감성적인 예술 교육을 지지하는 주장을 단념해 왔다. 그러나 특히 이 시점에서, 감성을 찬성하는 주장은 버리지 말아야 한다. 수학, 과학, 역사, 그리고 이 과목들이 만들어 내는 시험들이 우리 아이들을 자극하고, 흥분시키고, 좌절시키고, 단념시키는 동안, 예술은 홀로 아이들에게 이런 느낌들을 인식하고 이 느낌들에 형체를 줄 기회를 제공한다. 용기와 인내심을 갖고 공부에 매진해 온 학생들에게 있어, 예술은 힘든 공부에 동반되고 그것에 에너지를 공급하는 다양한 감정들을 위한 장소들을 유일하고 필수 불가결하게 제공한다.

1장에서 언급했던, 그러니까 그림을 보고 화가가 그 그림을 그릴 당시에 어떤 감정을 느꼈을지에 대해 서로 생각을 나누었던 1학년과 4학년 학생들은 감정이 예술을 통해 표현되고 정리된다는 것을 이해하고 있었다. 대부분의 성인들은 미술관의 그림들을 멀리한다. 그리고 위대한 미술가들의 작품을 자신들의 이해 너머에 있는 무언가로 생각하며 오직 큐레이터나 미술사가 같은 전문가들의 고찰에나 적합한 것이라고 생각한다. 그러나 이 아이들은 미술가를 작품에 감정을 표현할 능력이 있는 누군가로, 그리고 좋은 작업을 하는 데 매진하고 있는 누군가로 생각한다. 아이들은 여전히 교실과 집에서 예술을 창조하고 있기 때문이다.

　아이들이 하는 말을 들어보면, 이들이 많은 것을 이해하고 있음을 알 수 있다.

- 예술 작품은 그것을 만드는 미술가의 느낌을 표현한다: 슬픈 미술가는 슬픈 그림을 그릴 것이다.
- 미술가는 자기 자신의 감정을 조절하기 위해 예술 작품을 이용할 수 있다: 자기 자신을 유쾌하게 하기 위해 행복한 그림을 그릴 것이다.
- 예술 작품 창작은 일종의 즐거운 경험일 수 있다: 그렇게 아름다운 무언가를 만들어 내면서 희열을 느낄 것이다.

　아이들이 예술 작품 안에 감정이 들어 있고 작품을 통해서 감정이 소통된다는 것을 알고 있다는 사실은 아이들이 작품을 만든 사람의 감정에 대해서 배우게 하고, 그들 자신을 넘어서 다른 사람들의 감정을 고려할 수 있게 한다.

이렇게 하면 〈어떨까?〉와 〈나는 느낀다〉는 생각을 기반으로 하여, 그림이든 연기든 간에 다른 사람이 만든 작품을 들여다보고 있는 아이들은 〈나라면 어떨까? 나는 어떻게 느낄까?〉, 〈내가 저런 그림을 그릴 수 있다면 너무나 행복하겠다〉와 같은 생각을 하게 된다. 또는 〈나는 내가 슬플 때 기분을 북돋아 주기 위해 그런 그림을 그릴 거예요. 아마도 이것이 바로 이런 기분을 느끼게 했던 누군가의 방식이겠죠〉라고 생각할 수도 있다. 다른 사람의 감정을 인지하고 그 감정에 대해 고려하는 것, 이것이 바로 공감이다. 학생들은 예술 작품과 조우하면서 이해심을 가지고 세상을 보는 법을 배운다. 이 관점은 학생들이 그들의 미디어 경험을 통해서, 그리고 집 없는 아이들, 허리케인의 희생자들, 군인들, 전쟁에 시달리는 시민들의 아픔과 고통이 새겨진 더욱 넓은 지역을 가로지르며, 다른 과목들이 요구하는 〈경험의 이해〉라는 과정을 도울 것이다.

예술 작품 안에서 감정을 인식하고(나는 느낀다) 표현하고 다른 이들의 감정(당신은 느낀다)을 인지하는 법을 배우는 학생들은 그들을 둘러싸고 있는 불평등을 다룰 긍정적인 대안들을 상상하고(어떨까?) 추구하는 데 유리한 위치에 있다.[7] 다른 이들에게 공감할 줄 알기 때문이다. 우리는 학교가 학생들에게 민주 사회의 적극적인 시민들이 되고 사회적 불평등의 희생자들을 이해하도록 준비시키는지, 그리고 긍정적인 행동과 변화를 만드는 사람으로 준비시키는지에 대해서 여전히 관심이 없는 것이 아닌가?

역사나 사회학의 감정 이입 학습이 암시하는 바에 따르면, 교육 내 예술은 독특하게 그리고 본질적으로 학생들에게 다른 이들의 감정들을 알아보고 경험할 기회를 준다. 유명한 러시아 작가 레프 톨스토이는 예술가의 작품을, 예술가가 경험한 어떤 느낌을 담기 위한 ― 그래서 그것이 자신, 관객, 청중 또는 독자들에 의해 다시 경험되거나 느껴질 수 있도록 ― 〈선, 색, 이미지〉의 사용으로 정의하였다.[8] 우리가 1995년에 연구했던 1학년과 4학년 학생들은 톨스토이가 세기의 전환기에 했던 주장에 대한 충분한 증거를 보여 주고 있다.

독특한 특성 3.
모호성 ― 해석과 존중

수학의 숫자들은 단어를 구성할 때의 문자들처럼 정밀한 상징들이다. 숫자들은 그것들이 나타내는 것을 분명하고 정확하게 나타낸다. 우리는 예를 들어 숫자 5는 결코 7이 아니라 5라는 것, 또는 문자 B는 결코 A가 아니라 B라는 것을 안다. 협상의 여지가 없는 의미. 숫자들과 문자들은 특별한 의미들을 나타낸다. 우리는 B가 나타내는 〈Bbbb〉 소리를 만들 수 있는 것처럼, 어떤 특정 5가 나타내는 5개의 유사한 것들을 셀 수 있다. 나아가, 이 명백한 상징들 ― 숫자들과 문자들 ― 은 이들과 유사한 다른 상징과 조합되어 더욱 복잡하지만 명확하고 새로운 의미를 만들 수 있다. 다섯은 또 다른 5 옆에 놓여 55를 나타낼 수 있다. 또는 6과 7 옆에 놓여 567을 나타낼 수 있다. B는 두 개의 〈A〉 옆에 놓여 인간이 하는 말 〈Baa〉를 나타낼 수 있다. 동시에 이것은 양이 내는 소리를 나타낸다. 숫자 2가 두 마리의 양을 나타내는 것처럼 말이다. 「암소는 어떻게 울지?」 우리는 두 살짜리 아이에게 묻는다. 만일 그 아이가 〈Baa〉라고 대답하면 실수한 것이다.

이 두 살짜리 아이는 문자 M을 들고 있다가 그것을 뒤집어 놓고 W라고 부를 수도 있다. 이 경우에는 이 아이가 틀렸다고 말하기 어렵다. 대문자 G를 6으로 보는 이 아이와 네 살짜리 아이는 어린아이들이 경계 — 성인인 우리들이 명확하게 만들어 놓고 예술가들이 그들의 작업에서 허무는 — 를 흐리게 또는 모호하게 만드는 것을 잘 보여 주고 있다. 어린아이들의 발달은 〈구별〉이라는 말로 적절히 묘사된다. 〈나〉를 〈타인〉으로부터 분리해 내는 것이다. 「나는 엄마와 같은 사람이 아냐. 아니라고! 이건 〈엄마 것〉이고 〈엄마〉야. 이건 〈내 것〉이고 〈나〉야.」 자신의 정체성과 주변의 대상 사이에 어른들처럼 좀 더 분명한 선을 긋게 되면서, 아이들은 사이에 놓인 모호함에 대한 감각을 잃는다. 예술 작품은 사물과 생각, 그리고 자신과 타인 사이의 모호함을 되찾게 한다. 이들의 모호성을 설명하는 것은 의도적인 경계 허물기다. 예술 작품에서, 한 감상자의 M은 확실히 또 다른 이의 W일 수 있다.

슬프지 않았기 때문에 슬픈 그림을 그릴 수 없었던 아이처럼, 얼굴을 잔뜩 찌푸리고 있는 아이, 그러니까 〈화가 나 있어서〉 그 감정을

그림 2-4 8세 아동의 〈말로 화내는〉 선 드로잉

그림으로 그릴 수 있었던 네 살짜리 아이는 자기 자신과 자기가 그린 그림 사이에 놓여 있는 경계들을 인식하지 못했거나 무시했다. 다른 이에게 주먹을 치켜 올리는 작대기 모습의 인물화로 화난 모습을 그렸던 9세 아동은 그림을 자신과 분리된 독립적인 실체로 이해했다. 그림은 그 아이에게 다른 사람들이 읽을 수 있는 문자나 낱말과 같은 역할을 하는 통제된 선들의 보고인 셈이다. 이 경우, 9세 아동은 이미지 옆이나 인물의 입에서 나오는 말풍선에 〈화났어〉 또는 〈나는 화났어〉(그림 2-4에 〈화난〉 이미지 참조)라고 쓸 가능성이 높다. 으르렁거리는 더 어린 아이가 주목을 꼭 쥐고 화난 모습을 그리고 경험할 때 나왔던

유동적이고 모호한 낙서에서 여기까지 도달한 발달은 아주 먼 거리를 이동해 온 것이다. 전문 예술가는 어린아이의 화난 태도를 모방하면서 그 아이가 어떤 자세를 취할까 상상해 보고, 아이가 표현하려는 감정에 다가가기 위해 진지하게 노력한다. 이는 작품과 표현된 감정 사이, 그리고 예술가와 작품 사이 등을 구별하지 못하는 것을 장점으로 삼는 원숙한 이해 방식이다. 명확한 경계가 사라지면 작품은 모호성을 띠고 복수의 해석이 가능해진다.

어린아이들의 복잡하게 뒤얽혀 있는 예술가적인 관점에 가장 큰 불청객으로 다가오는 것은 성인으로 성장하는 그들의 미래를 향해 나 있는 환한 입구, 바로 학교다. 숫자와 문자로 이루어진 정확한 언어를 소개하는 기관은 학교다. 비록 교육 매체가 아이들이 학교에 들어가기도 전부터 이미 이런 일을 아주 훌륭히 해내고 있기는 하지만 말이다. 학교에 대해 말하자면, 아이들에게는 등불이나 다름없는 존재인 교사라는 사람이 아이의 이름을 그림 위 내키는 곳에 아무런 거리낌 없이 적어 넣으면서도 천연덕스럽게 〈잘했어〉라고 말한다. 이러한 행동은 아이의 이름을 구성하고 있는 단어, 즉 정확한 문자 상징이 종이 위에 다채롭고 복잡하게 얽혀 있는 선들보다 그 아이의 정체성에 대해 더 확실하고 분명하게 밝혀 준다는 것을 아이에게 실례로 보여 주는 것이다.

모호성에 저항하면서, 그 교사는 얽혀 있는 선들에 대해 물어볼 것이다. 「이게 뭐니?」 또는 조금 덜 거슬리게, 「그림에 대해 말해 줄래?」 어느 쪽이든 아이는, 그림이 낱말들을 넘어서는 다른 무언가를 나타낼 수 있을지라도 그림 그 자체는 아무 말도 하지 않는다는 것을 똑똑히 듣는다. 그 이미지를 명료하게 하기 위해서는 말을 입 밖으로 내야 한다. 「어……」 잠시 생각하다가, 아이는 종이 위에 그려진 선의 새로운 기능을 생각해 낸다. 「저, 여기 우산이 있어요.」 그러다가 구불한 선을 가리키며 말한다. 「그리고 이 선들은 모두 비예요……. 그리고 저는 공원에서 엄마와 산책하고 있어요, 그리고…….」 미취학 아동의 그림에 관하여, 연구자들은 어른의 질문에 대한 이런 반응을 〈이야기 짓기romancing〉라고 부르고 있다. 아무렇게나 그려진 선에서 그럴듯한 사물이나 행동을 찾아내서 있었으면 하는 일을 실재하는 것으로 만드는 것이다. 구상주의적인 의도를 아는 다섯 살짜리 아이들은 여전히 추상적인 자유로움이 있는 핑거 페인트 도구 또는 목탄을 탐구할 것이다. 설명을 요구하는 어른들은 예술의 기능은 말의 기능과 더 유사해야 한다는 것을 아이들에게 상기시킨다.

여기서 암시되고 있는 메시지는 명백하다. 학교에 가면 선생님이 네 그림 위에 쓴 것과 같은 말을 배울 거야. 〈우산을 쓰고 엄마와 비 내리는 공원을 산책하고 있는 낸시.〉 그러고 나면 네 손이 탐구한 저 불분명한 이미지들은 더 이상 필요 없단다. 운이 좋으면 다섯 살이 될 때까지는 인형을 갖고 놀아도 되지만 이후로는 진짜 해야 할 일이 있어. 이야기를 그림으로 그려도 되지만, 네 생각을 글로 충분히 잘 쓰게 될 때가 되면 그렇게 해서는 안 돼지. 책상에 앉아서 책으로 공부할 수 있을 만큼 잘 읽고 쓰게 되면, 교실에서는 가상 놀이와 음악, 그림, 이야기 같은 것은 배우지 않게 될 거야. 이렇게 말하는 것은 많은 학교에 있는 놀라운 예외들을 간과하는 좀 심한 묘사일 수 있지만 일반성을 가지고 있다. 아이들이 그들의 초기 그림 작품들에서 보여 주는 그렇게 주의 깊게 정성을 들이는, 복잡하게 얽힌 미분화된 매체 탐구와 이해는, 당신이 시험 치고 점수를 받을 수 있는 명확한 학습 부호들과 정보들을 위해 버려진다.

교육에서 예술은 일반적인 상황과 다르다. 그 이유는 예술이 옳고 그름 사이의 모호한 경계들, 모호한 표현들에 대한 탐구, 그리고 측정할 수 없고 도달하기에 불가능한 장소에 있는 상상의 세계를 독특하게 다루기 때문이다. 앨런 화이팅의 말과 마구간 그림은 나에게는 희망과 가능성에 관한 이미지이지만 그에게는 정말로 익숙한 시간에 보는 익숙한 상황의 재현이다. 이 그림을 살펴본 한 이웃이 내게 말했다. 「나에겐 저것이 말처럼 보이지 않네요. 세 개의 다리를 가진 말이라니! 진짜 같지 않아서 나는 저 그림이 싫어요.」 또 다른 방문자가 그 이미지를 주의 깊게 살피고 나서 결정했다. 「아주 훌륭한 그림입니다.」 그녀는 자신의 말에 확신을 갖고 설명했다. 그녀는 지난 몇 년간 회화 수업을 받아 왔기 때문이라고 설명하였다. 그녀는 계속해서 말했다. 「이 그림은 나를 현실 밖으로 데려다 줍니다. 일상으로부터 나를 어떤 소박하고 명료한 상황으로 이동시키죠. 저는 이 그림이 좋아요. 매일 이 그림과 더불어 새로운 곳으로 여행을 떠날 수 있어요.」

다른 관람자들의 평으로는 〈기쁨을 준다〉, 〈심오하다〉, 〈예상 밖이다〉 같은 것들이 있다. 두 살배기 내 손자는 부산스럽게 손가락으로 가리키며 〈말!〉이라고 소리친다. 그러고는 문자 그대로 자신이 본 것을 껴안기라도 할 것처럼 팔을 휘젓는다. 어린아이들이 아무렇게나 낙서한 어지러운 선들과는 거리가 먼 사실적인 그림에서조차 그것이 무엇을 나타내고 의미하는지에 대한 정답은 없다. 마크 스트랜드의 절제된 시어이든, 허먼 멜빌의 난해한 산문이든, 마크 로드코의 색면이든, 진정으로 성공한 예술 작품은 모호하다. 예술 작품의 모호성을 다루면서 교육 내 예술은 아이들에게 상호 존중할 만한 가치가 있는 해석의 다양성이라는 생각에 이르게 한다. 특히 예술이 제공하는 학습의 다음 두 가지 측면은 모호성이라는 이러한 특징으로부터 생겨난다.

해석: 교육 내 예술은 학생들이 같은 대상에 대해서도 다양하지만 동등한 가치를 지닌 실행 가능한 방식들이 있다는 것, 비록 그들의 시각이 다른 이들과 다르다 해도 〈내가 생각하는 것이 중요하다〉는 것을 알게 한다.

존중: 교육 내 예술은 학생들이 세상을 이해하는 여러 방식들을 인식하고, 그 차이에 흥미를 갖고, 그 차이를 존중하도록 돕는다. 그들은 동년배들과 의견이 맞지 않더라도 〈네가 생각하는 것이 중요하다〉는 것을 알게 된다.

나는 지금 보스턴의 이사벨라 스튜어트 가드너 미술관에 있는 존 싱어 사전트John Singer Sargent(그림 2-5 참조)의 작품, 「엘 할레오El Jaleo」 앞에 4학년 학생들과 함께 서 있다. 이 작품의 중심 인물, 따라하는 것이 불가능해 보이는 자세를 취하고 있는 아름다운 스페인 무용수가 아이들의 관심을 사로잡고 있다. 아이들 중 한 명이 그림에 있는 무용수처럼

그림 2-5 「엘 할레오」(1882) 존 싱어 사전트 작

캔버스에 유채, 232x348cm. T. 제퍼슨 쿨리지가 기증, 보스턴
이사벨라 스튜어트 가드너 미술관 소장. 토마스 링너의 사진

서보려는 시도를 하다가 넘어진다. 모두들 웃는다. 「나는 이 여자가 가드너 부인이라고 생각해요.」 지금은 미술관인 이 집의 중심부를 베네치아풍 마당으로 개조한 별난 안주인 이야기에 대한 자신의 관심을 투영하면서 또 다른 아이가 크게 말한다.

「아닐 거야.」 또 다른 아이가 덧붙인다. 「위층에 있는 가드너 부인의 그림 봤어?」 그 아이는 가는 허리에 하얀 진주 한 줄을 두른 소박한 검은 드레스를 입은 완고한 자태의 귀부인을 그린 사전트의 또 다른 작품(1888)을 언급하면서 묻는다. 「아주 완고하게 생겼던데. 이렇게 헝클어진 머리를 하고 저런 춤을 추고 있다고 보기 어려워.」

「내 생각에 이 그림은 살인에 대한 것 같아.」세 번째 아이가 혼잣말을 했다.

「왜 그런 생각을 했니?」 나는 그 남자아이에게 묻는다.

「음, 저기 벽 위에 피투성이의 손이 있어요.」 그는 기타 연주자의 어깨 너머 검은 벽 위의 작은 붉은색 손자국 같은 것을 가리킨다.

또 다른 아이가 끼어든다. 「와, 나도 보여요. 저 무용수는 누가 그랬는지 알고 있을 거예요!」

아이들은 시각을 이용하는 탐정들처럼 그림이 주는 실마리로부터 이야기(그들의 이야기)를 서로 이어가면서 계속해서 이야기하고 있다. 토론이 잦아들 때 나는 그들에게 묻는다. 「어떤 감정이나 생각이 이 작품에 표현되었다고 생각하니?」 아이들은 여기저기에서 자기 생각을 말한다. 「살인은 나빠요.」 「흥분돼요.」 「열정적이에요.」 「제 생각에 아름다운 여인이 어떻게 나쁜 비밀을 가질 수 있는지에 대한 그림 같아요.」 「제 생각에 이것은 춤추는 것이 얼마나 기쁘고 자신을 잊을 수 있는 일인지를 그린 것 같아요.」, 「알았다, 그런데 여기는 분위기가 무서워요. 나는 이것이 두려움에 대한 그림이라고 생각해요」, 「맞아요, 두려움이에요. 그 생각을 못했네. 그런데 이건 우리가 어떻게 스스로 조심해야 하는지, 그리고 우리가 재미있을 때조차도 왜 잘 살펴봐야 하는지에 대한 거에요.」

한 아이로부터 다른 아이로 전개되는 일련의 생각들은 예술 작품에 대해 아이들 개개인이 탐구의 폭을 넓히도록 해준다. 「나는 저 손을 보지 못했어.」 한 아이가 벽 위의 얼룩을 가리키며 솔직히 인정한다.

다른 아이의 세밀한 관찰을 정중히 인정하면서 그리고 그 위에 자기의 생각을 더한다. 「나는 그 무용수가 누가 그랬는지 안다고 생각해.」 「맞아, 두려움이야.」 또 다른 아이가 자신이 미처 떠올리지 못한 생각을 인정하며 말한다. 「분위기가 무섭네.」 그러면서 서로 다른 감상자들이 하나의 예술 작품에서 서로 다른 것을 발견했다는 것을 깨닫는 것이다. 서로 다른 관점들은 동등한 가치를 지닐 뿐만 아니라(〈내가 생각하는 것이 중요하다〉), 아이들 개개인은 또한 다른 이의 관점으로부터 배울 수 있다(〈네가 생각하는 것이 중요하다〉).

아이들이 함께 이어가던 그 이야기는 미술사가들의 해석과 일치하지 않은 것일 수도 있지만, 그렇게 진행되었던 학습은 다른 데 도움이 되었다. 냉철하게 떨어지는 옳고 그른 답들이 만연한 곳에서 우리는 같은 답을 가지고 있으면 성공한다. 예술의 번잡한 경계들이 만연한 곳에서, 우리는 또한 어떤 예술 작품을 관찰의 대상으로 삼든지 간에 더 많은 것을 배우고 더 깊게 이해하게 되는 다양한 답을 가지고 있을 때 성공할 수 있다. 우리는 우리 각자의 답과 여럿이 같이 만들어 낸 답을 생각하면서 서로에 대해 그리고 우리 자신에 대해 더 많은 것을 배운다. 우리는 공동 탐구에 대해서도 더 많은 것을 배우며, 특히 서로의 다양한 사고방식과 관찰방식을 존중하는 법을 배운다.

45분 동안 서로 그림에 대해 신이 나서 대화를 주고받은 다음, 아이들은 자신만의 의문을 갖게 되었다. 〈이 그림은 언제 그린 걸까?〉 〈이 그림에 있는 이곳은 어딜까?〉 〈이 그림의 제목은 영어로 무슨 뜻일까?〉 이러한 의문들은 사실에 기초한 답을 가지고 있다. 즉 아이들이 미술관을 방문한 후에 시험을 쳐서 기억할 수 있는 것들이다. 하지만 해석적 대화는 이미 시작되었고, 이러한 사실들은 시험 치기 위해 기억하는 것들로 끝나지 않고 탐구를 끊임없이 해나갈 자양분이 되었다.

「1882년! 와, 백년도 더 전에 그린 게 지금 여기 있는 거야!」 한 아이가 이야기한다.

「파리에서 이걸 그린 거예요? 거기 있었던 거예요?」 또 다른 아이가 묻는다.

나는 대답한다. 「아니, 이 장면은 스페인의 어느 곳이야. 사전트가 여행 갔던 곳이지.」

「어떻게 기억을 이렇게 잘해요?」

그러면 나는 〈자, 그가 이 작품을 위해 했던 스케치들을 보자〉라고 제안한다. 「드로잉들이 말로 쓴 쪽지들 같지 않니? 과거를 기억하고 장래 일을 계획할 때 도움을 주기 위한 것처럼 말이야.」 나는 「엘 할레오」에 대한 아이들의 질문에 답한다. 「그리고 이 제목은 무용을 의미하거나 무용수를 향한 관객의 환호를 의미한단다.」

「환호일 거예요. 사람들이 박수치고 소리치며 몸을 들썩이잖아요. 이건 환호예요.」

「그래, 축구 경기에서처럼.」

우리는 예술에 대한 대화를 나누는 동안 새로운 맥락에서 사실들을 경험하게 된다. 마치 숲으로 들어가는 길을 따라 뿌려진 빵 부스러기처럼, 우리는 서로 다른 시각을 가지고 대화 속으로 빠져든다. 새로운 생각과 의문을 구조화하기 위해서 사실을 다양한 방법으로 활용할 수 있는 것이다. 그러나 타인의 여정은 내 여정만큼 가치 있다. 우리는 함께 탐구하는 동안에 다양한 학습 방식들이 얼마나 가치 있고 흥미로울 수 있는지, 그리고 집단들과 문화들의 차이를 어떻게 축하할지 — 견딜지가 아니다 — 그리고 그런 차이들로부터 어떻게 혜택을 볼지를 배운다.

독특한 모호성으로 표현되는 예술 작품은 다양한 복수의 해석들을 청하는 훌륭하고 밀도 있는 사고의 결과물이다. 예술가들에 의해 만들어지고 미술관에 전시되거나 아이들이 제작하고 학교 교실에 전시되는, 예술 작품의 고찰에서 분명하게 감지할 수 있는 해석 활동은 학생들이 작품에 대한 그들의 생각(〈나의 생각은 중요하다〉)을 개진하면서 모험하고 즐기도록 허용한다. 또한 다른 이들의 매우 다른 해석들(〈너의 생각은 중요하다〉)도 찾아내고 즐기도록 허용한다. 해석하는 기술과 상호 존중하는 태도에 대해서 예술이 주는 교훈은 다른 많은 과목들에서 아동이 수행하는 학업이나 다른 교실에서 학생들의 주장이 허용되고 존중받는 데 영향을 미칠 수 있다. 다른 어느 곳에서도 똑같이 모방할 수 없는 방식으로, 〈교육 내 예술〉은 이러한 학습과 삶의 핵심적인 측면들을 아동의 교육 내용에 들여 온다.

독특한 특성 4.
과정 지향 — 탐구와 반성

분명히 실재하는 결과물인 나의 호숫가 그림이 반세기가 지난 후에 살아나던 순간에, 그 작품을 발견했을 때 내가 첫 번째로 기억했던 것은 특히 어떻게 그리는지도 모르면서 수영하는 사람을 그리고자 했던 나의 결심에 연루되어 있는 과정이었다. 나는 위험을 무릅썼다. 결과는 좋지 않았지만, 모험에 따른 위험을 각오했다는 것이 가장 기억에 남는다. 그림을 창작하는 과정에서의 그 부분, 〈여기 무엇이 빠져 있지?〉 하고 반성하는 순간, 그리고 〈이 요소를 내가 만들고 있는 이 작품에 넣어야 할까?〉 하는 결정의 순간이 나에게는 가장 중요했다.

　수년간의 아동 미술 연구 후에 생애를 되돌아봤을 때, 내가 그 그림을 그렸던 여섯 살 무렵, 나는 새로운 학교 세계, 즉 사물들을 말하는 〈올바른〉 방식들 — 바른 철자법 또는 전체 문장 만들기와 같이 — 이 있던 곳, 그리고 그런 기대를 내 그림 제작 과정에 반영시켰던 그곳에 깊이 빠져 있었다고 말할 수 있다. 서너 살, 아니 다섯 살까지도 나는 거기에 실제 속하는 것이 무엇인지 세부적인 내용에 대한 관심 없이 색이나 선을 가지고 호수에 관한 〈생각〉이나 〈느낌〉을 탐구하는 것이 편안했을 것이다. 예닐곱 살, 혹은 여덟 살 때 나는 내가 어떻게 올바르게 그리는지 아는 것들, 예를 들어 원뿔형 천막, 신호등, 비행기 등을 포함시키는 데 더욱 관심이 있었다. 나는 더 이상 〈호수〉에 대한 내 생각을 표현하는 데 열중하지 못했다. 그러나 그때까지도 나는 아직 포함시키는 것의 적정한 한도에 관한 관습적인 제약에 구속되어 있지 않았다.

　아이들은 〈그들이 아는 것을 그린다〉고 말한다. 아마도 아이들은 세상에 대해 아는 것을 그린다는 의미일 것이다. 그러나 특정한 나이에, 아이들은 그들이 어떻게 그리는지를 아는 것을 그린다. 내 동료 하나는 결과물인 그림만을 보고 〈비행기나 신호등 같은 전혀 예상 밖의 요소들을 집어넣다니 상상력이 정말 대단하군요!〉라고 감탄하듯이 말했다. 그러나 나는 그 그림을 그리던 과정을 떠올렸다. 내가 어떻게 하는 건지 안다고 느꼈던 것을 할 때의 안도감과 내가 재현을 하는 데 필요한 올바른 선이나 합의된 한도라고 이해한 것의 경계를 넘어서 나아가고자 하는 위험한 욕망을 말이다. 좋은 예술가가 되기 위해서는 규칙을 배우고, 위대한 예술가가 되기 위해서는 규칙을 깨는 단계로 넘어간다는 것이 사실이라면, 나는 그때 좋은 예술가도 위대한 예술가도 아니었지만 분명 그 순간에 좋은 예술가에서 위대한 예술가로 넘어가는 단계의 어느 지점에 있었다.

〈내가 창조하고 있는 이 작품의 여기에 이 요소를 첨가해야 할까?〉 이것은 생산물에 낙인처럼 찍힌 구체적인 결과를 가져오는 과정 지향적인 물음이다. 그것은 옳은 것도 그른 것도 아니다. 예술가의 필요조건을 충족시키느냐 하는 문제, 즉 여섯 살 당시 내가 스스로 내린 평가를 제외하고 말이다. 그리고 이러한 필요조건은 변화했다. 예순 살의 나는 도식적으로 그린 나무나 카누를 타고 있는 아메리카 원주민의 정형화된 모습에는 전혀 관심이 없다. 지금 나는 헤엄치는 사람의 신나고 행복해 보이는 팔 동작을 가치 있게 여긴다. 그리고 호숫가 여기저기에 흩어져 있는, 혹은 언덕을 헤매고 다니는 작은 인물들을 유심히 살핀다. 그들의 키는 내가 그들을 위해 만들어 놓은 집들의 높이와 같다.

그림 2-6 2세 아동의 라인 드로잉

　예술 제작 과정에서 특징적으로 드러나는 반성의 과정은 시간이 지나면서 발전한다. 그러나 아주 어릴 때부터, 아이들은 자신들이 만든 예술 작품인 생산물에 그들이 만드는 과정의 흔적과 제작 과정에서 내린 결정 사항을 남길 수 있다. 두 살배기 아이는 자신이 준비가 되어 있고 이용할 수 있는 여건만 되면 새로운 종이에 손을 뻗을 것이다. 우리는 아이에게 바로 종이를 건네는 대신 〈다 했니?〉라고 물어 보면서 아이가 과정에 주의를 기울이게 할 수 있다. 두 살짜리가 만들어 낸 복잡한 선들의 세계(그림 2-6 참조)에 대해서 그냥 〈잘했어〉라고 말하는 대신, 우리는 우리가 그 작업에서 본 것에 대해 곰곰이 생각해 보는

반성의 시간을 가질 수 있을 것이다. 아이가 그림(결과물)을 그리는 데 사용했던 움직임(과정)을 재현하면서, 나는 손가락으로 종이 위의 선들의 흔적을 따라 그린다. 반성을 이런 방식으로 모델화하면서 나는 그 아이에게 예술 작품에 구현된 제작자와 감상자 사이의 대화, 그리고 우리가 다루었던 예술의 독특한 특성들을 접하게 한다.

아이의 상상력과 작용 주체가 내가 시각적으로 선들을 따라가면서 다시 경험한 이 이미지를 만들었다. 「우와, 이건 신나는 큰 동그라미네!」 나의 감탄은 아이가 느낀 대로 그린 선들의 방향에서 내가 무언가를 느낀다는 것을 아이에게 알려 준다. 나는 선과 그 뒤에 있는 움직임을 신나는 것으로 해석하고, 그 아이는 내 반응에 영향을 받는다. 내 옆에 서 있던 한 어른이 동일한 부분을 가리키면서 〈이야, 두 개의 W이 있네〉라고 말하는 동안, 나는 그림의 오른쪽 아래 모서리에 구현된 각을 가리키면서 〈어떻게 이런 들쭉날쭉한 각을 두 개나 만들었니?〉라고 묻는다. 우리 모두는 그림(결과물) 위에 보이는 아동의 의사 결정(과정)의 시각적인 흔적을 고려한다. 우리가 묻는 질문에는 옳거나 그른 답이 없다. 그 두 개의 각은 들쭉날쭉한 선이며 W이다. 틀림없이 두 개의 결과물 모두 선을 탐구하고 문자도 쓰려는 예술가의 의도를 포함한다.

우리가 그림에서 찾은 색의 이름을 대자 아이가 고개를 끄덕인다. 그리고 우리가 아이가 했던 과정을 재현하고 있다는 것을 아이가 안다는 것을 안다. 「여기 빨강, 여기 자주색……」 우리는 아이의 작업 과정에 반응하고 그것을 존중하여 세심하게 살피는 모습을 보여 주면서, 우리가 선과 색을 통해서 아이가 무엇을 어떻게 만들었는지에 관심이 있다는 것을 알려 준다. 과정의 구심성은 아이들에게 옳거나 틀린 답을 가지고 있지 않은(탐구) 질문들과 진행 중인 작업에 대한 그들의 사고 방향(반성)에 영향을 미치는 질문을 직접 경험해 보도록 허용한다. 과정에 대한 예술 교육의 독특한 강조에서 나오는 탐구와 반성의 교훈들을 생각해 보자.

탐구: 교육 내 예술은 학생들에게 정보를 활용할 수 있는 질문들에 대해 가르친다. 그렇지만 옳고 그른 답을 넘어서 〈나는 무엇을 알고자 하는가?〉를 고찰해 보는 방향으로 가르친다.

반성: 교육 내 예술은 학생들이 좋거나 나쁜 것에 대한 판단을 넘어서 〈내가 어떻게 하고 있는가, 그리고 다음엔 무엇을 할 것인가?〉를 잘 알고 고려해 보는 방향으로, 계속 진행 중인 자기 반성과 평가 기술을 발전시키도록 돕는다.

가드너 미술관의 「엘 할레오」를 살펴본 4학년 학생들은 예술과 관련된 질문들과 아마도 예술을 통해 가장 잘 접근할 수 있는 개방형 질문들을 받았다. 만일 우리가 알려진 것으로 제한되는 옳거나 틀린 답들을 가진 닫힌 질문들을 고려한다면, 그다음에 우리는 다른 쪽에 열어 놓은 무한한, 질문하는 교사가 한 번도 생각해 보지 않았을 응답들이 가능한 질문들을 찾는다. 예술에서 생생하게 제기하는 개방형 질문들은 정답을 넘어서 더 나아간다. 이 개방형 질문들은 습득한 사실을 학습을 위한 기준점이 아니라 새로운 질문을 위한 자극으로 활용한다. 예술을 통해서 다루어지는 이러한 탐구 방식의 과정에서, 학생들은 자신의 사고 형태를 가늠하고 그 방향을 잡기 위해서 지속적으로 성찰해야 한다.

「엘 할레오」에 대해 내가 제기했던 〈어떤 생각이나 감정이 이 작품에 표현되었다고 생각하니?〉 같은 질문은 시, 그림, 또는 연극에서 우리가 자주 하는 질문이다. 이러한 질문은 학생들의 개인적인 경험과 작품 분석을 이끌어낸다. 이것은 옳거나 틀린 답을 넘어서고 학생들이 이해하는 과정에 대한 반성을 필요로 하는 개방형 탐구의 예다.

학생은 작품에 표현된 감정의 본질에 대해 반성하면서, 〈이 질문에 반응하기 위해서 나는 무엇을 알 필요가 있는가?〉를 생각한다. 「나는 이 그림이 열정을 표현한다고 생각해요.」 학생이 대답한다.

「왜 그렇게 생각하니?」 교사가 묻는다. 이제 학생은 앞에 놓인 그림의 부분들에서 증거를 찾는다. 그림에 사용된 강렬한 색, 빛과 그림자, 인물의 기운, 인물들의 얼굴 표정. 이것들이 열정을 나타낸다. 그러나 거기엔 어두움이 있다. 그 밖에 무슨 일이 일어날 수 있을까?

교사는 계속 말을 이어 나간다. 「만일 네가 직접 이 그림을 그렸다면 무엇이라 불렀을까?」 「이 이미지에서 다음엔 무슨 일이 일어날까?」 「이 그림이 너에게 어떤 질문들을 하고 있니?」 「너는 이 그림에 어떤 질문을 하고 싶니?」 이와 같은 개방형 질문들은 예술 제작과 감상의 진수라 할 수 있는 탐구 활동을 분명하게 보여 준다. 우리는 바로 이 활동에 대해 반성할 수 있다. 〈제기된 질문들 중에 미술관 안내판, 책, 또는 인터넷 같은 것을 활용해 직접 답을 찾을 수 있는 건 어떤 것이 있는가?〉〈그중에 어떤 질문이 작품에 대한 자세한 관찰에 의해서 또는 다른 이들과의 대화를 통해서 답할 수 있는 질문인가?〉〈그중에 어떤 질문이 새롭게 떠오르는, 이 작품을 주의 깊게 보지 않았더라면 생각하지 못했을 것 같은, 당신 자신이나 다른 이들에 대한 질문을 하게 만드는 질문인가?〉 이와 같은 질문들은 학생들이 그들 자신의 사고를 반성하게 할 뿐 아니라 탐구의 본질 그 자체에 대해 직접적으로 생각하게 한다. 〈이 작품으로부터 당신 자신 또는 다른 이들에 대해서 어떤 것이든 당신이 배우게 된다면 어떨까?〉

개방형 질문은 새로운 질문을 생성해 낼 때 질문과 답변 둘 다 아주 유용하다는 것을 구체적으로 보여 준다. 이것은 탐구의 기본이며 좀 더 넓게는 학습의 기본이다. 위에 제시한 바와 같이 개방형 질문에 응답하면서, 학습자는 사실적인 정보를 넘어서 더 나아간다. 예를 들어, 학생들은 자신이 만든 그림을 무엇이라 부를지 묻는 질문에 답하면서 깨닫게 된다. 〈이 그림은 제목을 가지고 있어. 이 질문은 그림의 이름에 대한 정답을 바라는 것이 아니야. 나는 예술가를 확인했는지를 넘어서 나 자신만의 의미 있는 작품 제목을 생각해 보라는 질문을 받고 있는 거야.〉

이 그림이 자신에게 어떤 질문을 하는지에 대한 물음에 응하면서, 학생들은 확실히 작품 공부는 그 그림의 의미가 무엇인지와 같은 하나의 옳은 답을 파악하는 것에 대한 것이 아니라는 점을 깨닫는다. 하나의 그림은 다양한 감상자들에게 다른 것들을 의미할 수 있고, 그런

점에서 학생들은 적극적으로 예술가들이 제공한 것을 이용해 그들 자신의 의미들을 만들어 낸다. 그림은 〈이 아이가 너 자신을 상기시키는가?〉라고 물을 수 있고 반대로 학생은 그림에게 〈왜 거기에 그렇게 많은 붉은색들이 있지?〉라고 물을 수 있다. 그리고 이런 탐구에 기초한 고찰로부터 학생은 깨닫게 될 것이다. 〈그래, 이 그림은 질문을 해. 나는 이 그림에 할 질문들이 있어. 우리는 대화 중이야.〉 예술에서는 이런 대화를 통해 의미가 만들어지고, 발견되고, 절충된다.

위에서와 같이, 반성이 우선시될 때 학생들은 그들 스스로에 대해서, 그리고 그것들을 다루기 시작하는 방식에 대해서 질문을 받는다. 학생들은 〈메타인지metacognition〉라고 불리는 일종의 반성, 사고에 대한 사고에 적극적으로 몰두한다. 가지고 있는 정보들이 그들의 질문에 충분히 답하는지, 또는 친구들 또는 교사와 대화가 필요한지를 고려하면서, 학생들은 〈내 질문들 중 어떤 것들은 사실들을 바탕으로 바로 답해질 수 있다. 그중 다른 것들은 좀 더 긴 탐구를 필요로 한다〉는 것을 알 수 있다. 탐구 과정에서 일어나는 이러한 반성으로부터 학생들은 개인적인 자율성에 대한 감을 얻는다. 그들은 〈내 질문들은 가치가 있다. 내가 관심이 있고 중요하다고 인식하게 된 정보를 이용할 수 있게 해주고, 작품에 의해 질문받지 않았다면 내가 결코 질문할 수 없었을 더 많은 질문들을 향한 문을 나에게 열어 준다〉는 것을 이해하게 된다.

우리는 반성적인 예술 감상자들이라고 할 수 있을 것이다. 학생들은 창작하면서 의미를 찾는 과정에 적극적으로 참여할 정도로 사려 깊은 예술 창작자들이다. 학생들은 예술가들처럼 문제나 도전을 설정하는 과정을 숙고하면서 — 그들에게 중요한 질문을 제기하고 다루면서, 그리고 그러한 질문을 작품에서 탐구하면서 — 재창조한다. 학생들은 작품 제작 과정에서 말 그대로 그들 자신을 위한 문제나 도전을 설정하고(내가 지도받은 적 없는 헤엄치는 사람을 호수에 그려 넣은 것처럼), 모니터링하고(이것이 내 기대에 부합하는가?), 과정을 조정하면서, 예술가의 입장에서 이 대화를 직접 경험한다. 그들은 검토의 중요성, 즉 진행 중인 작업으로 되돌아가 부분들을 전체에 비추어 조정하는 일의 중요성을 알게 된다.

학생들은 예술의 구체성 때문에 예술적 대상(생산물)에 자신의 사고가 미치는 영향(과정)을 이해하고, 그 어떤 과목에서도 경험할 수 없는 자기 자신의 탐구의 범위와 그 중요성, 그리고 과정을 평가하고 그 방향을 설정하는 자기 자신의 능력을 경험한다. 이것들은 어떤 과목이나 상황에도 적용될 수 있는 매우 유용한 기술이다. 다시 말해 심화 학습으로 이어지는 참된 질문을 묻는 능력(탐구)과 작업을 지속적으로 평가하고 수정하며 진전시키는 능력(반성)이다. 어떤 영역에서의 수행에도 함축하는 의미가 있는 이 중요한 기술들은 예술 교육을 통해서 독특하게 습득된다.

독특한 특성 5.
연관성 — 참여와 책임

예술은 본질적으로 인간적이다. 우리는 이것을 안다. 왜냐하면 인간은 창조할 도구들이 있는 한 동굴의 벽화에서 무덤 속 물건들에 이르기까지 예술을 통해서 자신의 삶을 묘사해 나가기 때문이다. 우리는 이것을 안다. 왜냐하면 크레용과 종이를 전혀 사용해 본 적이 없는 오지에 사는 아이조차도 이런 도구들을 주자마자 무엇을 해야 할지 알기 때문이다. 오지에 사는 아이는 보편적인 아동들의 표현적인 유동성으로 취학 전부터 그림을 그리기 시작한 비슷한 연령대의 어느 아이라도 재빠르게 따라잡을 것이다.[9] 이 기술의 시대에서는, 전 세계의 아이들이 온라인으로 공유하는 그들의 삶에 대한 그림에서, 우리는 그들이 그린 것들을 구분 짓는 문화적인 영향을 본다. 그러나 우리는 이러한 문화적 영향을 넘어서, 그리고 그 안에서 예술 수업 시간에 아이들이 만드는 작품들을 통해서 사람들이 서로 연결되어 있다는 사실을 발견한다.

학생들은 이러한 사실을 예술 수업 시간에 창조한 자신들의 작품을 통해서 느낀다. 학생들의 상상력을 반영하고 있는 그림, 연극 공연, 오브제 트루베의 구성 또는 노래 부르기와 같은 창조물들은 그들의 작업 과정과 결과에 대한 결정을 담고 있고, 다른 이들이 경험하도록 느낌과 생각을 문자와 몸짓, 이미지로 표현하기 때문이다. 학생들은 오랜 세월 동안 사랑받고 있는 「로미오와 줄리엣」 같은, 그들이 공부하는 예술 작품과 연관성을 느낀다. 그들은 위대한 예술의 보편적이고 영원한 주제의 타당성에 끌린다. 그리고 그런 작품들을 통해서 다른 시간과 상황에서 살았던 사람들과 연결되어 있다고 느낀다.

유사하게, 학생들은 현대의 예술적 생산물에서 연관성을 발견한다. 논쟁을 일으키는 힙합에서부터 도전적인 개념 미술에 이르기까지, 작품들은 그들이 살고 있는 시대를 반영하기 때문이다. 그리고 학생들은 그들이 관심을 가지는 것들이 회자된다는 것을, 그래서 다음 세대가 그 안에서 영원한 의미를 발견할 수 있다는 것을 이해하기 때문이다. 실제로 감지될 수 있는 예술 작품의 유형성 덕분에, 학생들은 작품 그 자체뿐만 아니라 작품을 만든 작가, 작품에서 이야기하고 있는 개인, 그리고 그 작품에 감동받은 불특정한 모든 사람들과의 관련성을 직접적으로 경험한다. 학생들이 미술관에서 그림을 볼 때, 그들은 작품을 감상했던 다른 시기의 — 지난 주 또는 수백 년 전의 — 사람들과 자신이 연결되어 있다고 느낀다. 학생들은 그들이 무용 교실에서 배웠던 것과 같은 안무를 따르는 무용수들과 공감했던 것처럼, 인터넷이나 자동차 라디오에서 흘러나오는 명곡을 들으면서 그 순간에 같은 음악을 청취하는 전국의 청중과 공감한다. 예술은 시간과 장소를 가로질러 인간들을 연결한다. 그리고 학생들은 그런 연관성에 의해 느끼고 참여하게 된다. 세대와 장소를 가로지르는 연관성이 예술이 일깨우는 사회적 책임감을 요구한다는 것을 깨달은 바로 그 순간에 말이다.

오늘날의 예술적 표현에서 다루어지고 있는 사회적 불평등은 역사

속에서 다루어져 왔던 불평등과 연결되어 있다. 사회적 불평등은 인간이란 존재에 도전하는 비인간성의 연속체를 반영할 뿐만 아니라 이러한 인간적 딜레마들을 구현하고 전달하는 예술의 영원한 힘을 보여 주기 때문이다. 예술이 그 자체로 치유하는 능력이 없다 할지라도, 최소한 치유를 고무한다는 것은 명백한 사실이다. 9·11 참사가 있었던 시기에 뉴욕 시의 교사들은 아이들이 그들의 두려움과 슬픔을 구체화하는 데 필요로 하는 도구들을 예술이 가지고 있다는 것을 알았다. 교사들은 아이들이 그런 폭력적인 인간 파괴를 이해하려고 애쓰는 그들의 느낌을 다른 이들에게 전할 수 있는 언어가 예술이라는 것을 알았다. 이슬람계 사람들에 대한 불신이 커졌을 때, 교육자들은 예술을 통해서 학생들이 혈통과 종교, 또는 외모와 상관없이 전 세계의 아이들과 공감할 것임을 알았다. 예술은 다름을 찬양할 수 있는 기회들을 밝히고 제공하는 동시에, 모든 것을 초월해서 인간은 서로 서로 연결되어 있다는 사실을 분명히 보여 주고 표현한다. 우리는 노래한다. 우리는 사물을 창조한다. 우리는 기호를 만든다. 우리는 춤을 춘다. 아이들은 예술의 인간성에 응답한다. 어른이 예술은 중요하지 않다고 말할 때조차, 그들은 예술 제작에 관심을 둔다. 그리고 그들의 관심은 앞으로 그들이 같이 하나가 되고 돌봐야 할 다른 이들의 세계로 그들을 연결시킨다. 두 개의 마지막 강력한 예술 학습의 양상들을 예술이 독특하게 제공하는 인류의 연대라는 의미에서 논의해 보자.

참여: 교육 내 예술은 열정과 기쁨, 그리고 〈나는 관심이 있다〉에 대한

발견을 포함하는 학습에 대한 태도들을 일깨워 주면서, 학생들을 자극하고 사로잡는다.

책임: 교육 내 예술은 아이들을 학교의 담장 안과 그 너머에 있는 다른 이들에게 연결한다. 그럼으로써 사회적 책임과 행동에 대한 의미를 자각하도록 도와주며, 〈나는 다른 이들에게 관심이 있다〉라는 개념을 습득시킨다.

예술가를 평범한 사람들을 구속하는 책임들에서 벗어나 그들 자신의 일을 할 자유를 위해서 주류적 삶의 제약들을 떠난 어두운 외부인으로 묘사하는 정형화된 표현은 고정 관념이라는 나무에서 떨어지고 있다. 이런 정형화된 표현은 역사를 통해서 그리고 지금 전 세계 예술가들의 사회적 책임과 행동주의를 통해서 다시 쓰이고 있다. 우리는 소외된 아동들과 성인들을 교육하고 그들의 삶과 미래의 방향을 돌리기 위해 지역 사회의 예술 센터와 협력하는 일상적인 예술가들의 지칠 줄 모르는 작업에서 사회적 책임을 본다. 우리는 학교 예술 교육의 몰락에서부터 여성 암과 에이즈에 대한 연구의 필요성에 이르는 문제들에 대해, 자신의 이름이나 기금을 제공하거나 일상적으로 봉사 활동을 펼치는 할리우드 연예인들의 가장 눈에 띄는 행위에서 이들의 사회적 책임을 본다. 예술 작품이 자주 사회적 불평등을 주제로 다루는 것과 마찬가지로, 예술가들은 자주 작업실 밖의 그들의 삶에서 사회적 불평등을 다룬다.

아이들이 예술가들을 만나야 하고, 또한 그들이 창조하는 예술적 생산물들을 통해서 예술가들이 하고 있는 일들을 알아야 하는 것처럼, 아이들은 예술을 공부해야 하고 자신만의 주제를 생각해 봐야 한다. 어떤 사람들은 예술가들이 그들의 작업에 매우 성취감을 느끼기 때문에 사회가 그들을 원망한다고 말한다. 교사들과 마찬가지로, 예술가들의 작업은 금전적인 보상을 넘어서서 그들 자신의 삶을 지탱할 수 있도록 해야 한다. 진지한 예술 제작 과정이 포함되는 그 힘든 일이 미화되는 이유는 예술 제작 과정에 깊이 몰두하던 우리의 개인적인 회상에 기인하고 있을지도 모른다. 우리를 힘들고 단조로운 일과로부터 떨어진 전념과 집중의 장소로 데리고 가는 그런 참여는 일종의 플로$_{flow}$,[10] 즉 몰입에 비유되어 왔다. 예술 교사들은 되풀이하여 자신들의 교실 분위기를 〈즐겁다〉라고 묘사한다. 아이들이 내뿜는 에너지, 참여와 과정을 기반으로 한 시끌벅적한 토론과 기존에 없던 것을 만드는 데서 생기는 흥분과 열정은 정말 신나는 일이다. 아이들은 예술에서 하는 일과 만드는 일에 세심한 주의를 기울이고, 이러한 세심한 관심은 아동 교육에 필수적이다.

사람들에게 학창 시절에 가장 기억에 남는 일이 뭐냐고 물어 보라. 그러면 아마도 학교 미술 전시회 때 자신의 그림을 전시했을 때, 혹은 학예회 때 주역을 맡거나 맡지 못했을 때, 혹은 독창을 해달라는 부탁을 받았을 때가 가장 기억난다는 말을 듣게 될 것이다. 아니면 안타깝게도 시늉만 하고 노래는 하지 말라는 말을 들었을 때가 가장 기억에 남는다는 말을 듣게 될지도 모른다. 어떤 성인들은 초등학교 시절에 했던 대사를 암송하거나 단독 공연 때의 가사를 아직도 노래할 수 있다. 또 어떤 이들은 어머니가 손수 만들어 주었던 의상, 학교 연극에서 사용한 그림물감 세트, 1학년 때 보물로 가득한 벽들이 늘어선 거대한 복도에 깔린 대리석 바닥을 거닐면서 자신이 아주 작은 존재임을 느끼게 했던 미술관 체험 학습 등을 기억한다. 아무리 예술이 소외되어 있어도, 예술을 경험한 아이들은 예술에 관심을 가지고 예술을 기억한다. 우리는 예술이 필요하다. 아이들의 관심과 참여는 좋은 교육의 필수적인 조건이기 때문이다.

예술이 허용하는 감성과 공감, 아이들이 즐기는 고도의 상상력과 가능성, 아이들이 경험하는 다양한 관점(여기에는 그들 자신의 관점도 포함된다)의 존중, 예술이 권장하는 그들 자신의 사고 과정을 질문하고 모니터링 하는 사고 기술들 때문에, 아이들은 교육 내 예술을 필요로 한다. 이 모든 측면들이 함께 교육 내 예술이 우리 아이들에게 불어넣는 관심과 참여에 기여해 왔다. 더구나 예술은 우리 아이들을 서로 연결하고, 자신이 예술가처럼 그들의 두려움과 어려움을 표현하고 다른 무엇이 있을 수 있는지와 흐름을 바꾸는 데 어떤 역할을 할 수 있는지까지 생각해 볼 기회를 준다.

예술은 상상력에서부터 사회적 책임감에 이르기까지 우리 아이들에게 인간이 된다는 것에 대해서 가르치고 생각과 행동에서 자신의 인간성을 직접 경험할 수 있게 한다. 의혹을 품은 사람들이 우리는 예술을 위한 시간이나 돈 또는 공간이 없다고 말할 때, 우리는 그들에게 예술이 없다면 학교에서 무슨 일이 일어날지 예상이 되느냐고 물어야 한다. 아이들이 자신의 고유한 인간성과 사람들과 공유하고 있는 인간성을 경험할 기회를 잃게 되는 것을 좋아할 사람은 분명 아무도 없을 것이다. 다년간의 관련 없는 논쟁이 끝나면 의심을 가진 사람들은 그제서야 예술이 실제로 제공하는 것이 무엇인지에 대해 듣거나 알게 될 필요를 느낄 것이다. 그래서 우리 모두 함께 노력해야 한다. 옹호자들은 학교 위원회 위원들, 감독관들, 학부모들, 교장들, 그리고 아이들의 학교 생활에서 가능성의 줄을 쥐고 있는 사람들과 좀 더 직접적인 의사소통을 할 필요가 있다. 나는 지금까지의 논의와 바로 다음에 이어지는 도구들이 이런 소통을 위한 노력에 요긴하게 쓰이길 바란다.

3
교육 내 예술 옹호

7세 아동이 그린 활 쏘는 사람

매체: 종이 위에 크레용

서막: 실패가 교육 내 예술 옹호를 위한 도약의 기회가 될 수 있을까?

교육 내 예술을 오랫동안 옹호해 온 사람으로서, 나는 예술이 아동들의 학업에 도움이 되는지를 두고 질릴 정도로 끊임없이 이어진 토론과 논쟁에 지쳐 버렸다.[1] 언제 교과목들이 비예술 과목이라는 말로 정의되었는가? 언제 이쪽은 교과목이고 저쪽은 예술이라 결정되었는가? 언제부터 우리는 교육 과정을 나누고 분류하면서 수학과 과학 같은 몇몇 과목을 학습에서 필수적인 과목으로, 그리고 다른 과목 — 특히 예술 — 을 정서와 놀이의 보루, 학교의 교육 목표와 관계없는 과목으로 지정하였는가? 확실히 이런 분류는 예술 교육의 험난하고 방어적인 역사를 무겁게 짓눌러 왔다. 최근 몇십 년간 옹호자들은 예술 학습과 어떻게든 결부되어 왔던 감정이라는 물렁한 장막을 들어 올리고, 예술을 〈사고에 좋은〉 것으로서 전시해야 한다는 결정을 내렸다.

 우리가 논의해 온 바와 같이, 이 새로운 방향은 〈인지적〉 접근 또는 예술에 대한 사고 중심적 접근이라 불리는 것에 알맞았다. 어떤 예술 학습이 두뇌 발달과 관계가 있을 수 있는지, 예술이 아이들의 독해력과 작문 실력을 향상시킬 수 있는지, 음악적 능력이 수학적 기술과 연관되어 있는 것인지 같은 질문들이 환영받기 시작한 것이다. 시간이 흐르면서 이와 같은 주제들을 탐색하는 연구들이 축적되었고, 이는 현실적인 과목과 기술에 관련 있는 결과물의 생산이라는 측면에서 예술 학습의 가치를 희망적으로 입증하였다. 하지만 이러한 연구는 신뢰할 수 있는 과학적인 연구라기보다 확실한 결과물을 향한 예술 옹호자들의 열망에 치우친 취약한 연구였다.

 그 결과 우리는 보다 나은 연구 결과를 확보하거나 예술이 비예술 과목에서 아동의 학업 수행에 미치는 영향보다 더 나은 정당한 근거들이 있다는 것을 인정해야 한다는 결론을 내렸다. 우리는 예술이 교육에 미치는 영향을 측정하는 데 지나치게 몰두한 나머지, 예술의 강점이 측정 가능한 것 이상이라는 사실을 잊기 시작했다. 예술은 인류가 추구하는 정말 중요한 대부분의 가치들처럼 측정이 불가능하다. 우리는 성격, 열정, 공감, 비전, 상상력, 자부심, 인간성 등을 채점할 수 있는가? 하지만 〈인간성〉은 예술을 정규 교과 과정 밖에 놓이게 할 가능성이 크다는 점에서 〈즐거움〉과 엇비슷한 단어다. 그래서 우리는 깊게 생각해 보지도 않은 채로 〈비판적 사고〉와 〈인내력〉처럼 학과 공부와 학교생활을 잘 해 나가는 데 도움이 되는 것으로 그 가치를 인정받고 있는 예술 학습의 결과를 가지고 뛰어들었다. 그러나 예술 옹호자들이 새로운 역할에 익숙해지는 데에는 꽤 오랜 시간이 걸리는 것 같아 보였으며 실제로도 그러했다.

우리는 언제쯤 이 모든 정당화를 멈추고 학과 공부가 예술과 더 비슷한 것이 되면 더 많은 아이들이 학교에 나와 학교생활에 더 애착을 갖게 되리라는 사실을 직시하게 될까? 우리는 언제쯤 예술이 학교에서 우리 아이들에게 제공하는 가장 중요한 과목이라고 용감하게 주장하는 자리에 이르게 될까? 우리는 언제쯤 예술이 다루는 다른 유형의 문제들과 다른 유형의 방식들 그리고 예술을 가르치고 평가하는 방식들을 자랑스럽게 가리키면서 〈오, 비예술 과목들. 너희도 많은 학생들의 관심과 애정을 위해 애쓴다면 우리와 좀 더 닮을 수 있을 거야〉라고 말하게 될까? 우리는 언제쯤 예술 옹호자로서, 해명을 하는 약자의 입장에서 사례를 제시하는 강자의 자리로 입지를 재구축하게 될까?

그 답은 지루함, 조바심, 그리고 내가 늘 해오던 생각의 사이에 있다. 아마도 그 시기는 지금이고, 그 시작 지점은 비예술 과목들로서는 한계가 있지만 학생들이 다루어야 하는 것을 예술만의 방식으로 도울 수 있는 장소일 것이다. 예술은 언제나 조용히 그러한 역할을 수행해 왔다. 불량하거나 장애가 있거나 중퇴 가능성이 있는 학생들은 자주 〈다름〉을 위한 공간과 기회를 더 많이 주는 예술 교실로 보내진다. 예술 교사들은 문제가 있거나 도전을 즐기는 학생들을 위한 교육 전문가들이자 칭송받지 못하는 영웅들이다. 나는 이러한 교사들에게 찬사를 보내고 이들이 어떻게 다양한 학생들을 위해 교실을 더욱 안락한 공간으로 만들었는지를 고려하면서 이야기를 해보려 한다. 이들이 한 일은 무엇이었는가? 예술은 어떻게 실패 위기에 처한 아동들에게 다른 교실들보다 더 안전한 장소를 제공하는가? 나는 이 질문에 대한 답을 계속 생각해 보기로 했다. 그래서 내가 다룰 첫 번째 옹호 주제는 〈실패〉다.

우리 옹호자들이 늘상 노래하는 일반적인 주장들을 들어 왔음에도 불구하고, 너그럽게도 의견 발표장에 나올 여유를 가져 준 회의론자들이 가득한 어떤 장소에서 단호하게 예술을 옹호하는 연설을 하고 있는 나를 상상해 보라. 나는 연단에 다가간다.

교육에서 예술의 필요성을 위해 자주 언급되는 근거는 예술이 여러 다른 영역에서 성공하지 못한 아이들에게 성공할 기회를 준다는 점입니다. 하지만 저는 예술이 여러 다른 영역에서 성공한 아이들에게 실패할 기회를 준다는 점 역시 동등하게 좋은 근거라고 제시하고 싶습니다. 확실히 예술은 모든 유형의 아동들에게 실패할 기회를 제공합니다. 이것은 예술이 일반 교육 과정에 규칙적으로 포함되어야 하는 가장 중요한 근거들 중 하나일 겁니다. 예술 안에서, 예술을 통해서 예술을 이해하는 것은 다른 여러 과목들의 학업 수행에서는 중심이 되지 않는 감수성과 기술의 사용을 필요로 하기 때문에 많은 노력을 요구합니다. 진실로 예술은 학습자들에게 독특한 도전 과제를, 비예술 과목을 통해서는 적절하게 대비할 수 없는 도전 과제를 제기 합니다.

수학이라는 수단을 통해 명확하게 생각하는 것뿐만 아니라 수학 시험도 잘 치도록 배운 학생은 눈과 손을 이용하여 축축한 찰흙으로 무언가를 빚어 내라는 주문에 당황할지도 모릅니다. 과학에서 실험 보고서 작성 능력을 보여 준 학생이 무대 위에서 자기가 맡은 배역에 자신의 목소리와 감정을 쏟기를 주저하는 것처럼, 에세이 글을 잘 쓰는 방법에 통달한 학생이 자신의 춤을 창작하는 도전에는 위축될 수 있습니다.

〈그러니까 예술을 더욱 제외해야지.〉 몇몇 사람들은 이렇게 반응할지도 모르겠습니다. 〈왜 학교에서 잘하고 있는 학생들의 학업의 맥을 끊나?〉 나는 완전무결한 성공에 대한 우리의 집착을 믿어 온 아이들에게 위험하고 신랄하고 생산적이고 중요한 실패와의 만남을 가질 기회를 주기 위해서, 〈그러니까 예술을 더욱 포함해야지〉라고 주장합니다.

실수는 예술가들에게 그들의 작업을 위한 문을 열어 줍니다. 화가 잭 레빈은 진행 중인 작업을 매일 들여다보고 잘못된 것을 찾아내는 과정을 묘사했습니다. 그는 바로 거기서 자신이 시작할 곳을 발견했다고 설명했죠. 예술가 로버트 마더웰은 이렇게 회상했습니다. 새로운 작품의 중심 부분을 시작할 때, 〈모든 그림은 하나의 실수였다〉고, 그리고 결국 그가 작업한 것은 〈그 실수를 고치는 과정〉이었다고 말입니다. 친한 선배이자 뉴욕의 미술 교사인 찰스 테일러는 미술실을 여기저기 요란하게 돌아다니면서 학생들에게 〈모든 실수에는 의도가 내포되어 있어. 그걸 찾아!〉라고 고함을 치는 것으로 유명했지요.

예술과 실수하기(잘못된 것과 직면하고 그것을 기반으로 구축하기)의 만남은 다른 학과들의 학습에 엄청난 함의를 가집니다. 이 만남은 위험 부담과 실패가 풍부하게 널려 있는 예술 교실의 안전함 속에서 독특하게 이루어지죠. 옳고 그른 답들의 냉철함, 다수의 관점들을 배제하는 의제들, 확신으로 가득한 평가 등을 두려워할 필요 없이, 예술 교실은 학생들이 학교 안팎에서 그들의 삶을 사로잡고 있는 번잡하고 불분명한 현실들을 탐색할 기회들을 제공합니다. 학업 기술의 습득에 성공한 아이들은 다른 영역에서 힘겹게 씨름하고 있는 아이들과 마찬가지로 틀림없이 이런 실패를 경험할 수 있는 안전한 장소들이 필요합니다.

우리는 질문해야 합니다. 우리가 예술에서는 성취를 보이고 있지만 다른 영역들에서 그렇지 못하다고 묘사하는 아이들은 누구입니까? 우리는 그들이 제한된 학교 교육 자원을 넘어서는 훈련을 받아야 하는 예술적으로 재능이 있는 소수라고 예상합니다. 그리고 표준화된 유형에서는 뛰어나지만 골치 아픈 예술적 표현에는 불편함을 느끼는 학생들은 누구입니까? 그들은 학문에 재능에 있는 극소수의 학생들일 겁니다. 정말로 중요한 영역에서 탁월한 능력을 발휘하고, 그럼으로써 마음이 편안해지는 친구들이죠.

하지만 이렇게 구분짓는 것은 바보 같은 짓입니다. 저는 우리 아이들을 이렇게 구분 짓는 데 별로 관심이 없어요. 우리가 사용하는 판단 기준이나 고려하는 영역들과 관계없이, 모든 학생들은 성공과 조우하고 이해할 수 있어야 합니다. 하지만 마찬가지로 중요한 것은 모든 학생들이 실패를 접하고 이해할 수 있어야 한다는 겁니다.

우리 아이들이 〈문제가 있다고 걱정하는〉 결핍 모델을 제대로 피하면서, 우리는 아이들에게는 어려운 것들이나 그들이 실패하거나 낙제하는 영역들을 이해하는 수월한 방법, 어쩌면 긍정적인 방법을 찾아야 합니다. 언제나 성공만이 아이들의 관심을 끌지는 않습니다. 세상에는 성공에 이끌려 성공한 사람들 못지 않게 고집스럽게 한길을 걸어감으로써 성공에 이른 많은 예술가와 교사, 최고 경영자 들이 있습니다. 우리는 힘겨운 학창 시절을 보내고도 인생에서 큰 성공을 거둔 사람들을 보고 더 이상 놀라지 않습니다. 그들의 실패는 어쩌면 미래를 위한 도약대가 아니었을까요?

왜 성공을 최적의 결과로, 또 필요한 결과로 이토록 강조할까요? 우리는 성공에서 배우고 성장하나요? 만일 우리가 실수와 실패를 두려워한다면 우리의 성과를 과연 현실적으로 가늠할 수 있을까요? 아이들은 교정하고 성장할 수 있게 해주는 어떤 매체 안에서 마땅히 실패를 경험할 기회를 가질 자격이 있지 않은가요? 예술은 아이들에게 긍정적인 실패의 경험, 즉 우리가 도달할 수 있는 것보다 높게 장애물을 설치해 보면서 열정은 실현에 있는 것이 아니라 시도하는 가운데 있다는 것을 알 수 있는 매우 유용한 경험들을 제공합니다. 또한 실패는 명확하고 생산적일 수 있다는 경험, 그리고 〈실패〉는 당신이 나에게 붙이는 어떤 라벨이 아니라 내가 관여하는 어떤 과정의 일부라는 경험을 제공합니다.

예술적 표현 영역들에서조차 표준화된 시험이 지지받고 있는 시기에, 우리는 우리 아이들이 학업 수행을 하나의 발달 과정으로 이해하도록 가르쳐 줘야 합니다. 결과에 기반을 둔 시험에 대한 집착은 진행 중인 작품으로서의 자기 인생에 대한 한 학생의 중대한 신념을 위협합니다. 예술은 우리 아이들에게 측정에 도전하는 매체 안에 자기 자신을 새겨 보는 경험을 제공할 수 있습니다.

공인된 기준에 대한 찬양은 학생 스스로 개인적인 교육적 가치와 목표들을 탐색하도록 학생들을 장려하는 데 부정적인 영향을 미칠 수 있습니다. 예술은 즉시 보여 주는 결과를 가지고 개별적인 결정을 내릴 수 있는 기회들을 제공합니다. 〈나는 저 오렌지색이 내 그림에 미친 영향을 볼 수 있어.〉 〈나는 내 목소리를 키운 것이 어떻게 그 노래의 의미를 변화시켰는지 들을 수 있어.〉 〈나는 이 춤에서 내 움직임의 폭에 차이를 느낄 수 있어.〉 그리고 이러한 결정들은 모두 나에게 잘못된 것으로 느껴질 수 있지만 그래서 추후 정정할 수 있는 근간, 즉 〈새로 시작할 지점〉일 수 있습니다.

이 마지막 대목을 말할 때, 나는 우레와 같은 박수 소리를 듣는다. 비록 허구에 지나지 않지만, 나는 청중의 이러한 수용적인 태도에 고무되어 확신하게 된다. 옹호자들이 청중들에게 진심을 담아 이야기를 한다면, 청중들이 관심을 가져 줄 것이라는 태도로 무엇이 정말로 중요한가에 대해 용기 있게 말한다면, 옹호자들이 설득하지 못할 사람은 아무도 없을 거라고. 실패를 지지하는 주장, 그리고 어쩌면 교육 내 예술을 위한 확실한 자리조차 가능할 거라고.

무엇이 옹호인가

옹호에 대한 가장 분명한 정의는 사전에서 찾을 수 있다. 〈……을 찬성하는 주장을 변호하는 것.〉 학부모 옹호자들이 자녀들이 다니는 학교가 예술에 대한 관심이 너무 부족하다고 교육 위원회에 항의할 때 이들은 예술을 찬성하는 주장을 변호하는 것이다. 교육자들과 연구자들이 예술에 기초한 프로그램이나 연구를 재정 지원해 줄 곳을 찾아보고 신청할 때 이들은 예술 찬성론을 변호하는 것이다. 예술가-교육자 옹호자들은 학부모들의 지지, 프로그램과 연구의 긍정적인 결과, 전문 예술 교육 컨퍼런스에서 경험한 공동 목표 의식에서 얻은 활력으로 그들의 엔진에 연료를 재충전한다.

전술한 서막에서, 나는 나 자신을 연단에 세워 의혹을 품는 자들 앞에서 교육 내 예술의 중요성에 대해서 말하는 위치에 놓았다. 나는 그들을 놀라게 할 만한 주제, 즉 실패의 장점과 다른 과목들이 잘하지 못하는 것을 할 수 있는 예술의 장점을 가지고 〈그들을 일깨우는〉 접근 방식을 택했다. 옹호 집단 구성원이 아닌 사람들과 이러한 견해를 공유하는 데 따르는 위험 부담과 대안적 특성이 잘 전해졌기를 바란다. 만일 실제 상황이었다면, 회의적인 학교 관리자 집단보다는 예술 교육 컨퍼런스에서 생각이 비슷한 옹호 집단으로부터 박수갈채를 받앉을 가능성이 더 클 것이다.

예술 학습에 도구적인 입장, 즉 〈비예술들의 협력자〉 관점을 취하는 이유 중 하나는 이 입장이 다른 과목들에 맞서서 예술에 흠집을 남기지 않기 때문이다. 옹호자들은 〈자, 수학은 이것만 합니다. 그러나 예술은 모든 것을 다 하지요〉라고 제안하면서 그들이 설득하고자 하는 사람들과 멀어지는 것을 조심한다. 예술이 다른 과목들과 동등하다는(또는 그보다 더 중요하다는) 믿음을 드러내는 교육 과정이 있는 교육 내 예술에 주력하는 학교들[2]에서조차, 예술과 비예술 과목 사이에는 자연적인 경쟁 의식이 있다. 하지만 이러한 상황은 일반적인 상황이 아니다. 예술이 우선시되고 오히려 일반 교과들이 별로 관심을 받지 못하는 상황은 거의 드물기 때문에, 다른 과목을 맡고 있는 교사들을 서로 존중하는 대화에 참여하도록 한다는 과제가 그리 녹록지 않음은 분명하다.

유사하게, 옹호자들은 비예술 과목을 맡고 있는 교사들이 예술 과목 교사들로부터 많은 것을 배울 수 있다고 제안하기를 망설일 것이다. 학문들의 경계를 가로질러 이야기하고, 학생들이 배우고 성장하는 데 필요한 것을 터놓고 생각하는 길을 모색해야 하는 상황에서 〈교사와 과목에 대한 비난〉은 위험하고 무례한 행위다. 아이들의 작품을 무시해서 하는 말은 아닐지라도, 교사가 그저 〈잘했어〉라고 간단히 말해 버리는 것은 적절하지 못한 반응이라는 생각을 밝혔을 때, 일단의 영유아 교사들이 내게 다가와 〈하지만 달리 뭐라고 얘기해야 하죠?〉라고 물은 적이 있다. 진심으로 아이들을 잘 돌보고 싶은 마음에서 우러난 그들의 관심은 선의로 행한 일에 대해서 교사들을 비판하는 것으로는 충분하지 않으며, 그들이 고려하고 배워 행할 수 있는 대안을 제시하는 것이 중요하다는 사실을 깨닫게 했다.

내가 예술을 위한 싸움을 벌이기 위해 나설 때마다 거의 매번, 나는 예상치 못한 곳들에서 나오는 지지의 목소리에 깜짝 놀라곤 했다. 풍차를 향해 칼을 겨누며 격분하는 돈키호테처럼, 나는 논쟁을 벌일 때를 제외하면 어디서도 실재하는 적을 찾을 수 없었다. 2장의 서막에서 기술했던 것과 같은 여러 예술 컨퍼런스에서, 옹호자들은 〈우리〉는 예술 때문에 학생들이 더 성실하게 학교에 다니고 자신의 성공적인 미래를 마음속에 그리는 것이 중요하다는 점을 알고 있지만, 〈그들〉은 오로지 시험 성적을 올리는 것과 같은 양적 결과에만 연연해한다는 사실에 서로 위로를 주고받는다. 나는 아주 오랫동안 〈그들〉을 찾고 있었다.

몇 년 전에 나는 뉴욕 주 학교장 하계 회의에 기조연설자로 초대받은 적이 있었다. 학교장들은 회의에 참석한 나를 정중하게 환영했고, 기조연설에 앞서 나를 소개하면서 교육 내 예술에 내가 어떻게 기여했는지를 설명하며 공개적으로 찬사를 보냈다. 그럼에도 불구하고 지칠 줄 모르는 옹호자였던 나는, 나를 초대해 준 것에 대해 감사한 후 바로 이들에게 적대적인 태도로 이야기를 시작했다. 나는 교육 내 예술 옹호자들의 비공개적인 회의와 〈그들〉이 신경 쓰는 것에 대한 논의 사이의 딜레마를 묘사하면서, 바로 당신들이 내가 찾고 있던 〈그들〉이기 때문에 이 회의에서 연설하게 되어 매우 흥분된다고 설명했다. 분위기는 금세 얼어붙었다. 교육 내 예술 옹호자들은 학교장들이 예술을 막고 있는 교문의 열쇠를 가지고 있다는 관점을 취하고 있다는 것을 그들은 모르고 있었던 걸까? 그들은 내 이야기를 경청했고, 나는 연설의 막바지에 이르러서야 처음 시작할 때 당연히 했어야 하는 일을 했다. 나는 그들의 생각을 물었다.

그 순간 방 안은 한층 밝아졌다. 나는 가지고 있던 발표용 메모지에 그들의 의견을 급히 받아 적으면서 그들의 생각을 간신히 따라갈 수 있었다. 나는 학제간의 교육적 노력에서 주류 교과 교실들을 방문해서 예술을 끌어들일 방법을 생각해 낼 것을 요청받았던 사람들은 항상 예술 교사 쪽이었다는 것을 예술 교사들이 관리자들에게 어떻게 불평해 왔는지 알고 있었는가? 예술 교사들은 주류 교과 교사들이 예술 교실에 가서 그들이 어떻게 예술에 그들의 과목들을 통합할 것인지 알아보기를 원했다. 학교장들은 어떻게 그것을 가능하게 할 수 있을까? 나는 도움이 될 만한 아이디어들을 가지고 있었는가?

나는 예술 교사들이 모두 다 비예술 과목 교사들의 학사 일정과 같은 일정을 가지길 원하지는 않는다는 것을 자각하고 있었는가? 예술 교사들은 그들의 일자리가 그들에게 작업실에서 보낼 수 있는 시간을 충분히 보장해 주는 시간제였기 때문에 가르치는 일을 선택했다. 나는 비예술 과목 교사들과 같은 일정으로 일하길 원하는 예술 교사들을 찾는 데 도움을 줄 수 있었는가? 학교장들은 내가 〈예술 손수레〉 — 책상 위에서 할 수 있는 미술 활동을 위해 바퀴가 달린 운반대 안에 크레용과 종이들을 가득 채운 것 — 를 예술 교육을 제공하기에는 부적절하다고 비웃었다는 데 주목했다. 나는 그들의 학교에 예술 교실을 만드는 데 필요한 기금을 조성할 아이디어를 가지고 있었는가? 나는 그 손수레 바퀴 소리를 듣는 어떤 아동들은 신이 난다는 것, 그리고 어떤 예술 손수레 교사들은 교실을 감독하고 더 큰 노력에 연계되는 학과 문제들을 다룰 것을 요구받는다면 그 일을 그만둘 수도 있다는 것을 알고 있었는가?

나는 이들이 가르쳐 준 모든 것에 매료되었다. 그전까지 내가 참석했던 예술 교육 컨퍼런스에서는 한 번도 들어 본 적이 없는 내용들이었기 때문이다. 나는 그동안 예술을 변호하는 데 급급한 나머지 이러한 현실적인 문제들을 고려해 본 적이 없었고 추진 방안들 대신 이론상의 주장만을 들고 이 자리에 온 것이라고 말하기가 쑥스러웠다. 많은 다른 예술 옹호자들처럼, 나는 실제 행동 방안들보다는 행동을 위한 권고 사항들에 대해서만 이야기하고 있었다. 구체적인 방안들은 권한을 쥐고 있는 사람들이 예술의 가치에 대해 납득한 후에야 일어날 수 있을 것이다. 그러나 또한 방안을 구상하는 것은 옹호자들이 해야 할 일이 아닐지도 모른다. 옹호자들이 어떤 실정을 변호하면 다른 이들은 그것을 실행한다.

내가 경험을 통해 얻은 교훈들이 옹호의 방향을 바꾸지는 못할지라도 확실히 옹호의 구조에는 변화를 가져올 것이다. 옹호자들은 그들의 노력에 필요한 동력을 얻기 위해서 적을 찾아낼 필요는 없다. 옹호자들은 예술에서 무엇이 행해지고 행해지지 않는지를 배워야 한다. 그리고 교육 과정을 입안하고 입법을 감독하는 이들에게 귀를 기울여야 한다. 교수와 학습에서와 마찬가지로, 옹호자의 임무 중에서 경청은 중요한 열쇠다. 우리가 학생들로부터 최대한을 기대할 때 최고의 가르침이 행해지는 것처럼, 가장 효과적인 옹호는 우리가 서로에게 관심을 가지고 있음을 가정하고 서로 존중하는 태도로 나아가기 시작할 때 비로소 이루어질 수 있을 것이다. 법안을 입안하고 실제 입법화하지 않는다면, 아이들이 예술을 학습할 필요성에 대한 이 포괄적이고 의미 있는 대화 속에서 무엇이 옹호로 간주될 수 있겠는가?

옹호 활동은 개인적 수준에서부터 집단과 지역, 국가적 수준에 이르기까지 다방면에서 이루어지고 있고, 이러한 목적에 전념하는 국가 기관의 영향을 받으면서 이러한 국가 기관을 지원하기도 한다. 개인적인 수준에서는, 학교 교과 과정에 포함된 예술 수업 시간이 턱없이 부족하다고 이의를 제기하기 위해서, 또는 학교 수업 시간 안에 예술 학습을 포함한 것에 대해서 학교 관리자에게 개인적으로 고마움을 표하기 위해서(그리고 틀림없이 좀 더 자주 해달라고 요청하기 위해) 교장을 만나는 학부모는 옹호자이다. 기금을 모으고 그 시에 소속된 모든 학교에 예술가와 공연 단체의 방문을 주선하면서, 시에서 운영하는 창의 예술 위원회에서 일하는 학부모는 어떤가? 그 역시 옹호자다. 방문 예술가나 단체에 의한 교육 과정 비옥화의 시범적인 예와 같은 〈개입〉은 학교 전체 수준의 창의 예술 위원회를 조직하기 위해서 학교 관리자들과 함께 기획되는 수많은 모임들과 마찬가지로 틀림없는 옹호 행위다. 학부모나 학부모를 포함한 집단들은 학교 위원회 임원, 주 상원위원, 주지사 등 공무원 후보자들이 제안한 시나 주 전체의 공립 학교 개선안에 예술을 우선 사항으로 공표한 후보들의 당선을 지원하는 전화에 매달려 있을지 모른다. 전화에 매달려 있는 학부모들과 긍정적인 변화를 제안하는 정치가들은 모두 옹호자들이다.

중학교에서 예술 교과를 없앤다는 결정이 났을 때, 학교 행정실 앞에서 피켓을 들고 시위했던 시 예술 위원회 위원들은 모두 교육 내 예술 옹호자들이다. 이들은 그 결정을 뒤집었고, 일종의 경축하는 의미에서 자신의 학교에서 예술을 지원한 학교장들의 업적에 경의를 표하는 일련의 연례 교장 오찬 행사를 개시하였다. 이러한 오찬들이 시작된 지 몇 년 만에, 초청된 교장들의 이름은 3배로 증가하였다. 예술 위원회가 만든 교장 오찬 연례 행사는 인상적인 결실을 거둬들인 옹호 행위다. 매년 예술이 교육에 미친 영향에 관해 연구하고 있는 전문가가 교장들의 오찬 행사에서 연설을 하기 위해 초대된다. 연설자는 옹호자다. 연설자를 초청한 위원회 위원들과 자신의 학교에 예술 활동 시간을 증가시키고 있는 교장들도 마찬가지로 옹호자들이다.

주 예술 위원회는 예술 기관들과 공립 학교들 간 협력에 자금을 지원하는 예술 교육 옹호 활동에 열중하고 있다. 우리 연구팀이 경제적인 어려움을 겪고 있는 지역 사회의 예술 센터들에 대한 조사를 시작했을 때, 우리는 전국의 센터들에 전화해서 그 센터에서 하고 있는 일에 관심이 있다고 말했다. 개별적인 사전 전화 통화를 마칠 즈음, 우리는 그 센터 대표들에게 혹시 질문하고 싶은 것이 있는지 물었다. 나는 그 간단한 질문에 어떤 센터장이 하는 말을 들으면서 눈물을 글썽거리는 한 연구 보조원을 발견했다. 우리는 그가 뭐라고 하더냐고 물었다. 그는 지역 예술 센터들을 살피는 우리에게 감사하고 싶다고 말했다. 그는 자신과 동료들이 지난 수십 년간 아무런 인정을 받지 못한 채로 일해 왔다고 말했다. 그리고 우리 모두가 그들이 했던 일에 대해 배우길 원한다는 생각은 그가 표현할 수 있는 것보다 더 의미가 있다고 말했다. 연구는 옹호자들에게 기여할 주장들을 입증해 나가지 않을 때조차도 옹호일 수 있다.

국가 수준에서, 예술 옹호자들은 단체를 형성해 교육 내 예술에 대한 정부 정책에 영향을 미치려고 애써 왔다. 정부 자원과 헌신적인 사립 재단들의 지원으로 이러한 집단들 안에서 그리고 이러한 집단들을 통해서 일하고 있는 옹호자들은, 담론을 활성화하고 그들이 대의를 〈호소하는 데〉 포함시킬 수 있는, 교육 내 예술의 유익함에 대한 분명한 증거들을 제공하는 보고서와 서적을 발간해 왔다. 관련된 연구 의제들을 위한 권고, 관련 보고서의 발행, 전략적 제휴, 그리고 정기적인 주요 협의를 넘어서, 전국 예술 교육 옹호 단체들은 (비예술 교과를 위해 제정된 표준들과 같은) 국가 예술 표준National Standards for the Arts의 제정과 (목표 2000Goals 2000과 낙오 학생 방지No Child Left Behind와 같은)• 연방 교육법에 의해 예술이 학교 교육에 필수 교과 또는 다른 교과들과 동등한 비중의 교과로 승인된 것을 자신들의 성과라고 주장한다. 의심의 여지없이, 이러한 기관들의 영속과 발전 그리고 결국 이 기관들의 노력으로부터 얻게 될 교육 내 예술을 지지하는 공공 정책에 대한 권고들이 모

• Goals 2000은 1990년대 미 의회가 표준에 기반한 교육 개혁을 목표로 제정한 국가 교육 목표를 말하고, No Child Left Behind는 조지 W. 부시 대통령의 교육 비전을 담은 전략을 지칭한다.

두 옹호 작업이다. 옹호자들은 예술 찬성론을 변호하고, 대의를 위해서 싸우고, 예술 학습이 배정된 변두리에서부터 안으로 들어가는 방법들을 모색한다.

그러나 교사가 학생, 학부모, 관리자를 대상으로 예술의 가치를 실례를 통해 입증해 보이는 것은 그 자체로 강력한 옹호가 된다. 더욱이 어느 현장에서든 교육에 과감하게 예술을 이용하고 있는 교사들 가운데 예술을 변호하고 다른 사람들에게 자신이 하고 있는 설명해야 하는 일에서 면제되어 있는 교사는 아무도 없다. 자신의 학과 지도에 예술을 포함하거나 아이들이 예술 활동에 참여해야 한다고 주장하고, 미술관, 연주회, 또는 공연장에 가거나 교장에게 격주로 배정된 수업 시간 30분은 어떤 교과를 배우는 데도 충분하지 않다는 것을 상기시키는 사람들은 모두 옹호자다.

더구나 우리 옹호자들 대부분은 청소년 시절에 예술에서 긍정적인 경험을 해볼 수 있게 해준 유사 옹호 활동의 수혜자이기 때문에, 우리는 우리의 옹호가 설득력이 있다는 것을 안다. 우리의 가족이나 학교는 우리에게 미술관이나 연주회를 소개해 주었으며, 우리는 학교 뮤지컬 공연이나 연극 공연에 참여할 기회를 가졌다. 또한 우리는 어떤 어른이나 동급생에게 주목받았던 시를 적어 보았거나, 우리가 만든 노래나 이미지가 커다란 만족감을 준다는 것을 알게 되었다. 우리 중 몇몇은 어른이나 친구가 〈우와, 너는 예술가야〉라고 말해 주었던 때, 그리고 우리의 즐거운 창작 활동이 특별한 관심을 받을 만한 가치가 있다는 것을 인식했을 때를 기억한다. 그러나 우리 모두가 다 그런 경험을 해본 것은 아니다.

몇 년 전, 훌륭한 영유아 교육자를 다수 배출하는 학교로 유명한 휘록 대학의 작문 교사로 있을 때, 나는 학생들에게 그들을 위해 맡은 바 소임을 다한, 그들에게 가르치고 싶은 열망을 불어넣어 준 교사에 관해 작문을 해보라고 했다. 나는 스승을 찬미하는 이야기를 기대했다. 하지만 나는 대부분의 글이 자신이 겪은 부정적인 경험을 기술해 놓은 것을 보고 깜짝 놀랐다. 학생들은 교사가 권한을 남용하거나 학생에게 굴욕감을 안기거나 모든 학생을 무능력자로 느끼게 만들었던 순간을 기록하고 있었다. 학생들은 교권과 그 지위를 존중하는 것의 중요성에 관해 자신들이 이해하고 있는 바를 썼다. 그들은 이러한 부정적인 사례들을 반면교사로 삼아 아이들을 보호하고 학습을 즐거운 경험으로 만든 교사로 성장하겠다고 맹세했다.

많은 예술 옹호자들에게도 이와 비슷한 경험이 있다. 많은 사람들이 합창할 때 혼자 음이 틀려 창피해하거나, 지나치게 몸집이 커서 춤추기를 쑥스러워하거나, 손이 너무 흔들려서 그림을 제대로 그리지 못하거나, 어휘가 빈약해 시를 못 쓰거나, 목소리가 너무 작아서 무대에 서지 못했던 일 등을 기억하고 있다. 얼굴을 화끈거리게 하는 기억에도 불구하고, 우리는 어릴 적 우리에게 이러한 예술적 행위들이 얼마나 큰 의미를 지녔었는지를 인정한다. 그들의 시각에서, 우리는 더 많은 예술 지도뿐 아니라, 더 질 높은 예술 교육을 위해서 예술을 옹호한다. 우리는 아이들이 예술 표현을 위해 필요한 기술뿐만 아니라, 그들만이 독특하게 가지고 있고 그들만이 할 수 있는 방식으로 표현해 온 생각이나 느낌을 알아내는 것에서 자긍심을 얻기를 원한다. 〈그것은 그 종이 위에 표시된 나의 표식, 그 춤에 표현된 주의 깊은 나의 발걸음, 그 대상을 그 크기로 만들기로 한 나의 결정, 전에는 그곳에 없었던 무언가를 우리 앞에 제시한 나의 노력이다.〉

우리의 예술적 노력을 간과하는 교육자들은 〈잘했어〉라는 말 이상을 해줄 시간적 여유를 내지 못하고, 한 편의 시나 춤에 관해 우리에게 〈제대로〉 표현되지 않았다는 말로 끝낼 정도로 무심한 태도를 보인다. 이러한 반응은 예술 활동을 평가 절하할 뿐 아니라 예술이 얼마 안 되는 소수를 위한 것이라는 근거 없는 믿음을 지속시킨다. 한 아이의 예술적 실행을 보면서 경험하고, 그 아이가 예술을 통해 무엇을 말하는지에 대해 사려 깊고 세심하게 반응하기 위해서 시간을 할애하고 있는 교사, 학부모, 관리자, 또는 지역 사회 예술 교육자들, 마치 워싱턴의 예술 교육 지지자들의 모임에 앉아서 최신의 활동 권고가 무엇이 되어야 할지 결정하는 것처럼 행동하고 있는 이러한 성인들은 틀림없이 옹호자들이다.

교육이 아이에 따라 각각 다르게 행해지듯이, 옹호 또한 그렇다는 사실을 잊지 말자. 예술 경험에 대한 유효성이 드러나는 각각의 새로운 기회는 설득될 순간과 다른 이들을 위해서 상황을 변화시킬 방법들을 살펴보는 순간을 제공한다. 끈기 있고 재능 있는 예술 교사는 물에 던져져 끊임없이 커지는 파문을 일으키는 조약돌과 같다. 이들은 수업 시간에 예술이 무엇을 할 수 있는지를 입증하면서, 사려 깊은 담화 속에서 자신들이 예술 학습에 대해 무엇을 배웠는지를 보여 주면서, 그들의 관심과 지식을 가지고 현장을 점차 변화시킨다. 정책을 입안할 권한을 지닌 최고위층 유력자들의 관심을 얻는 그런 연합과 발안을 향한 노력들은 분명히 옹호 활동에 귀중한 발자취를 뚜렷하게 남긴다. 그러나 그런 은밀한 활동은 교육 개혁의 전면과 중심부, 즉 헌신적인 교사들이 교육 내 예술의 미래를 위해 아이 하나하나를 지지하고 있는 현장에서 일어날 수 있는 일보다 더 중요하지는 않다.

현실적인 도전 과제들

지역 대학 순수 예술 학부에 재학 중인 젊은 배우들은 인근 학교의 4학년 교실을 방문할 계획을 하고 있었다. 그곳은 노후화된 시설에서부터 저조한 출석률과 시험 점수에 이르기까지 다양한 악조건들로 가득한 매우 취약한 학교였다. 이 학교의 교사 레빈은 교실에서 실연하는 연극이 학생들의 독해 능력에 도움이 될 수 있다는 예술 교육 옹호자들의 말을 들은 바 있었다.[3] 레빈은 독해 능력이 기대치보다 한참 낮은 학생 집단과 연극을 시도해 볼 생각이었다. 배우들과 만났을 때, 레빈은 배우들이 교실에서 연극 공연을 하기 전후에 자신과 학생들이 함께 대본을 읽어 볼 수 있는지 물었다.

하지만 〈예술을 통해 이끌어내는 삶의 변화 Changing Lives through the Arts〉라는 명칭이 붙은 보조금을 지원받는 그 젊은 배우들은 대본이 있는 장면을 연기하는 데 관심이 없었다. 그들의 작업은 예술을 학업을 위한 학교 기반 기술을 돕는 도우미 역할로 팔아 치우는 데서 벗어나, 사회적 조화를 위한 매개체로서의 예술에 대한 좀 더 일반화된 관점을 향해 나아가고자 하는 옹호 노력에 영향을 받고 있었다. 그래서 그 배우들은, 아이들이 배우가 되어 자신들의 인생에서 실제로 어려운 결정을 내려야 할 상황을 재현하도록 이끄는 구조화된 즉흥 연기 형태의 연극을 훈련받았다. 젊은 배우들 중 한 명은 이렇게 설명했다. 「예를 들어 우리는 아이가 약물을 제공받는 장면을 한번 연출해 볼 겁니다. 그 장면은 어떻게 종결될까요? 우리는 아이들이 여러 선택 가능한 대안들로 극을 마치게 하면서, 그들이 선택권을 가지고 있고 차이를 만들 수 있다는 것을 배우게 할 겁니다.」

「잠깐만요.」 레빈은 이의를 제기했다. 「그러니까 당신네들은 여기 와서 이런 어려운 문제들을 꺼내 놓고, 그런 다음 아이들의 감정을 휘저어 놓고 혼란만 남겨 둔 채로 떠나겠다고요? 대체 당신들은 내 교실에서 무슨 자격으로 그런 일을 벌이겠다는 거죠? 저는 제 아이들이 읽기와 쓰기가 아주 중요하다는 것을 알려 주는 진짜 연극을 경험하게 하고 싶은 거예요.」 레빈은 학생들의 학습 능력 향상에 도움을 주기 위해 언어 과목에 할당된 소중한 시간을 할애해 배우들을 초청한 것이었다. 하지만 그 배우들은 학생들이 안전한 교실 공간에서 감정이 고조된 극적인 상황의 재현을 통해 인생 기술들을 발달시키도록 돕는 데 관심이 있었다. 레빈은 배우들의 방문을 거절함으로써 〈사이비 예술〉의 위협을 피해야 한다고 느꼈다. 하지만 배우들은 보수적인 교사가 예술의 발전을 좌절시킨다고 느꼈다.

배우들은 자신들이 학교에서 예술을 혁신적으로 활용하는 데 있어서 선구적인 역할을 하고 있다고 느꼈을지도 모른다. 하지만 의사 결정과 감정의 절충은 예술과 함께한 오랜 역사를 지니고 있다. 고대 그리스 비극은 청중들이 자신과 동일시할 수 있는 전설적인 영웅들에게 일어나는 끔찍한 일들을 묘사하는 것이었으며, 그 때문에 자존감과 안도감을 느낄 수 있었다. 그리스 철학자 아리스토텔레스는 청중들이 〈그 영웅은 나와 비슷하지만 훨씬 더 심각한 문제를 안고 있다. 작은 판단의 실수 하나가 그를 둘러싼 세계를 무너뜨린다〉고 생각할 것이라고 (설득력 있는 언어로) 말했다.[4] 아리스토텔레스가 〈카타르시스 catharsis〉라고 부르는 것은, 청중의 기분 전환과 관련하여 저 대단한 왕과의 동일시를 통해 내 자아는 확장되지만 일어난 사건은 자신이 아니라 그에게 일어났다는 사실에 크게 안도하는 것과 같은 경험을 하게 되는 것을 말한다.

역사적으로, 카타르시스라 하는 감정의 정화에서부터 개인적이고 육체적인 치유의 개념에 이르기까지, 예술은 치유의 기능을 수행해 왔다. 지금 예술 치료 전문가들은 아동들이 직면한 문제들 — 어쩌면 일상적인 말로 하기에는 너무 끔찍한 문제들 — 을 파악하기 위해서 이들에게 그림 그리기나 역할극을 시켜 본다. 예술은 연극, 그리기, 무용, 음악 등 경험에 다가설 수 있는 대안적인 언어들을 제공한다.

그러나 많은 예술 옹호자들은 예술 학습에 치료적 접근 방식의 도입을 꺼려 왔다. 학교에서 예술을 핵심 교과목들과 격리시켰다는 혐의를 받고 있는 〈지나치게 솔직한 감정의 토로〉가 예술 학습의 치료적 접근 방식과 관련되어 있다고 보는 것이다. 미국에서 예술 옹호 역사 전반에 걸쳐 일어난 〈이성 대 감성〉에 대한 논쟁은 거의 후렴구처럼 반복되고 있다. 특히 이러한 현상은 예술이 상대적으로 안전할 때였던 진보주의 시대부터 주류 과목인 수학과 읽기가 예술을 포함한 모든 과목의 안정성을 위협하는 현재에 이르기까지 현저히 나타나고 있다.

진보주의 교육 시대라 불리던 20세기 초반에, 영향력 있는 사상가들은 우리가 그들이 〈전인적인 아동 whole child〉[5]이라고 칭하는 개념에 주목해야 한다고 제안했다. 아이들에게 학교 담장을 넘어서서 삶을 꾸려 나갈 도구들을 제시해 주지 않는다면, 다시 말해 학문적 성공뿐만 아니라 정서적으로 균형 잡힌 풍요로운 삶을 제시해 주지 않는다면, 그런 교육이 도대체 무슨 의미가 있는가? 예술을 환대하는 시각들은 그 범위가 포괄적이어서, 예술 학습은 아동들이 인생을 예술적으로 경험하고, 그들의 일상을 미적인 경험과의 만남으로 만들어 가도록 돕는다는 주장에서부터 예술이 전인적인 아동 발달에 중요한 창의적인 동력과 독특하게 연관되어 있다는 이해에까지 이른다. 시각 예술 교실은 자유로운 표현과 자율적인 매체 탐구를 위한 장소가 되었고, 강력하고 중요한 방법으로 에너지를 발산하고 느낌을 표현하기 위한 활동 영역이 되었다.[6]

그러나 소련의 우주 로켓 스푸트니크가 깊은 인상을 남기며 성공적으로 발사된 1950년대에 이르러 컴퓨터가 등장하였다. 우주 개발 경쟁에 들어서면서, 미국은 인간의 정신 작용에 대해 좀 더 기술적으로 생각하게 되었고, 학교에 국가의 새로운 분야를 진전시키는 데 필요한 과학적 사고와 관련된 기술들에 특별히 더 관심을 기울일 것을 요구했다. 예술이 정규 교과 외 시간으로 밀려나기 시작했을 때, 예술 옹호자들은 별로 성공적이지는 못했지만 예술 수업에서 아이들이 습득한 창의성은 어떤 활동 영역에도 기여할 것이라고 주장했다. 일반적으로 다른 종류의 옹호라고 여겨졌던 주장이 힘을 받기 시작했다. 예술 활동과 실행을 과학과 같이 진지하고 지적인 분야로 재구성하여 정규 수업 시간 내에 동등한 시간과 관심을 누릴 자격이 있게 만들자는 주장이었다.

1970년대와 1980년대의 예술 교육 운동은 이 초점을 반영하는 명칭을 가지고 있었다. 게티 재단이 지원하는 학과 중심 미술 교육Discipline-Based Art Education: DBAE은 시각 예술 분야의 핵심 활동들을 기반으로 하는 교수와 학습을 특징으로 하였다. 구체적으로, 이 핵심 활동들은 서로 유용하고 동등하게 가치 있는 활동들로 간주되는 미학(철학적인 고려 사항), 미술사(사실 기반 배경), 미술 비평(가치 기반 판단), 그리고 미술 제작(직접 해보는 제작)이다. 이 접근 방식에 내포된 옹호자들의 주장은 예술도 다른 과목들처럼 교실에서 가르칠 수 있으며, 다른 과목들처럼 일반 교사가 가르치는 것도 가능하다는 것이다. 그러나 일부 옹호자들은 예술을 다른 과목들처럼 다루는 것은 예술 학습 고유의 무엇인가를 타협하는 것이라고 주장했다. 그것은 심지어 교육자들이 예술을 다른 과목들처럼, 선다형의 지필 시험으로 평가할 수 있다고 생각하도록 유도할지 모른다는 것이었다.

록펠러 재단의 지원으로, 미국 교육 평가원Educational Testing Service: ETS은 하버드 대학교의 프로젝트 제로 및 피츠버그 공립 학교들과 함께 예술 영역의 대학 입학 자격시험에 대한 아이디어를 탐색하기 시작했다. 그 계획은 결과적으로 그들이 상상했던 시험 대신에 시각 예술, 음악, 그리고 창의적인 글쓰기를 위해 설계되고 시험 운영된 아츠 프로펠Arts PROPEL[7]이라고 불리는 교육 과정을 생산했다. 〈가르치지 않는 것으로 시험할 수 없다〉는 개념에서 벗어나, 프로펠은 제작(작품 만들기), 인식(작업에 참여하고 맥락화하기), 반성(작업 과정 지휘하기) 등의 인지적 활동들로 구성된 교육 과정과 밀접히 엮여 있는 평가를 특징으로 하였다.

이 두 교육 과정의 체계는 학습 과정 안에서 작품 제작이 차지하는 위치에 대한 논쟁을 불러일으켰다. DBAE의 경우에 작품 제작은 네 개의 동등한 가치를 두는 활동 중 하나였고, 프로펠의 경우에는 그것이 중심 활동이었다. 이쯤에서 이러한 과정에 관여했던 옹호 기관들에는 교육 내 예술의 발전과 인정을 위해 기금을 조성한 게티 재단과 록펠러 재단이 포함되어 있음을 밝히는 게 좋겠다. 예술 교육의 혁신을 돕고 세간의 이목을 끌었던 이러한 노력들을 발전시켰던 연구자들, 즉 DBAE의 엘리엇 아이스너Eliot Eisner, 그리고 프로펠 연구의 하워드 가드너Howard Gardner와 데니 울프Dennie Wolf 또한 옹호자들이다. 그리고 DBAE를 실험하는 데 동참했던 전국의 많은 학교와 미술관, 프로펠의 개발을 도왔던 피츠버그 공립 학교들도 마찬가지로 옹호자들이다. 이와 같은 교육 과정 연구 개발에 참여한 사람들처럼, 어느 한쪽의 접근을 지지했든 아니면 어떤 쪽도 지지하지 않았든 간에, 작품 제작 논쟁에서 의견을 밝혔던 참가자들을 포함한 모두가 다 옹호자들이다. 교육자들, 학생들, 그리고 글쓰기와 강연을 통해 이 두 프로그램을 비평하고 찬양했던 학자들 또한 옹호자들이다. 이들의 다양하고 주의 깊은 시각들은 예술에서 일어나는 일이 중요한 것이며, 사실 교육에 필수적이라는 것을 교육계에 있는 사람들에게 알리는 역할을 하였다.

연기가 가라앉은 한참 후에, 논쟁의 불길은 틀림없이 학교에 있는 다른 이들보다는 예술 분야에서 일하는 교육자들과 연구자들에 의해 더 잘 인지되었을 것이다. 이 두 접근 방식은 차이점보다는 유사점이 더 많았다고 말이다. 이성과 감성을 둘러싼 논쟁이라는 측면에서, 두 접근 방식은 모두 인지적 접근 방식이었으며 예술의 제작과 감상, 학습을 감정의 측면보다는 사고의 측면에서 다루고자 하는 경향이 있었다. 바로 그러한 토양 속에서 예술 학습이 문자 그대로 비예술 분야의 인지 기술을 향상시킨다는 생각에 뿌리를 둔 연구 결과들이 최근 쏟아져 나오며 또 빈번히 회자되어 온 것이다. 모차르트의 음악을 들으면 아기들의 지능 지수가 올라갈 것이라는 모차르트 효과와 그 논란 많은 주장에 근거하여 나왔던 상품들이 한 세대의 아이들에게 영향을 미쳤다.[8]

자동차의 영아용 의자에 앉아 있는 아기들이 모차르트 소나타에 울음을 그쳤다. 걸음마를 배우는 아이가 미키 마우스 대신에 〈아인슈타인〉을 텔레비전 화면에 보여 달라고 한다. 상업적 의도와는 상관없이, 그것은 모두 인지적인 접근 방식에서 나온 예술 옹호다. 예술은 당신을 더 영리하게 만든다. 이른 나이에 음악 연주에 참여하는 경험은, 참여하지 않았다면 기능하지 않았을 당신 뇌의 특정 부위를 작동시킨다. 그 주장이 무엇이든 간에, 그것은 자녀의 경쟁력을 키울 수 있는 쉬운 방법을 찾는 부모들을 흥분시킨다. 어린 시절에 모차르트와 베토벤, 바흐의 음악을 들려주면서(음악에 맞춰 움직이는 플라스틱 완구에 딸려 나오는 DVD를 통하여), 아이를 더 똑똑하게 만들려고 노력했던 부모의 자녀들은 결국 학교에서 더 좋은 성적을 받게 될까? 또한 그들은 감정을 자극하는 음악의 힘에 특별히 더 애착을 느끼게 될까? 시간만이 말해 줄 수 있을 것이다.

21세기에 들어와서, 예술 교육은 감정 표현을 발전시키고 예술을 통해 접하는 사고 기술을 찬미하고자 하는 전통을 재고하면서, 〈긍정적인 사회 변화의 매개체로서의 예술〉에 대한 관점을 가지고 있는 포스트모던적 환경에 들어섰다. 이와 관련된 사례는 로스앤젤레스의 만리장성으로 알려져 있는 800미터 길이의 벽화 같은 공동 작업에서 찾을 수 있다. 사회 운동 예술가인 주디스 바카Judith Baca와 그녀가 운영하는 활기찬 기관인 〈사회와 공공 예술 자원 센터Social and Public Art Resource Center: SPARC〉가 기획한 이 벽화는 다양한 청소년 집단과 지역 사회 구성원들에 의해서 인종 간 화합에 대한 하나의 역사적 헌정의 의미로 만들어졌다. SPARC는 문화 간 이해와 대화를 돕는 공공 예술 창조에 전념하고 있다.[9]

사회적으로 책임 있는 또 다른 활동들 중에, 뉴욕 시 휘트니 미술관에서 운영하는 〈청소년 이해 프로그램Youth Insights program〉은 십대의 전시

안내원들을 여러 노인 센터에 보낸다.[10] 잘 훈련된 미술관의 젊은 사절들은 노인 센터를 방문해서 노령자들의 미술관 관람 준비를 도와주거나 아니면 간단하게 미술관이 소장하고 있는 작품 사진들을 보여 주기도 한다. 어떤 쪽이든, 예술 작품들은 참여하는 모든 이들의 시야를 넓혀 주는 세대 간 대화를 활성화시킨다.

지역 사회 도처에서 다양한 방식으로 작업하면서, 현대 미술가들은 지역 사회에서 행하는 공공 예술로서 자주 교육 자료에 그들의 사회 비판적 해설을 담아 퍼포먼스나 개념적인 공연을 벌인다. 시카고에서 메리 제이컵Mary Jacob이 운영하는 〈행동하는 문화Culture in Action〉에는 예술 퍼레이드, 옥외 게시판, 거리 행사, 영구 청소년 프로그램 등을 만드는 여러 예술가들이 참여하고 있다.[11] 사회적 행동으로서의 예술에 대한 새로운 관점은 모든 학문 분야에 있는 예술가들과 오랫동안 공유되어 온 사회 비판적 해설과 책임의 전통을 말하고 있다. 이러한 관점은 예술 작품을 미술관과 극장, 연주회장에서 즐길 수 있는 불변의 독립체로 보는 전통적인 관점에 도전한다.

흔히 영웅의 조각상이나 역사적인 사건에 대한 기념물, 또는 추상적인 예술적 조각과 연관되는 공공 예술은, 이제 〈내가 사는 지역 사회에서 청소년들과 같이하는 작업, 그들을 초청해서 그들 시대에 긴급한 문제들을 마주하고 논평하도록 하는 작업 또한 예술 작품이다〉라고 말하는 예술가들에 의해서 재정의되고 있다. 예술의 형태와 기능에 대한 현시대의 논의들은 필연적으로 21세기의 옹호자들이 개시할 새로운 논쟁들에 대해 알려 주고 있다.

옹호자들은 자신이 살고 있는 지역과 나라에서 예술 교육의 상황을 둘러싼 실상에 대해 정통할 필요가 있다. 예술이 얼마만큼, 어디서, 어떻게, 누구에 의해, 그리고 얼마나 많은 학생들에게 학습되고 있는지에 대해 자세하게 알아내려고 하는 현재의 노력을 계속해 나가야 한다.[12] 또한 동시에 예술가와 예술 교육자의 의욕과 열정을 타오르게 하는 아주 흥미로운 논쟁들에 대해서도 정통해야 한다. 미술계는 무엇을 예술로 볼 것인가에 대한 논의로 바쁘다. 그리고 교육계는 끊임없이 미술 교육의 내용(순수 미술? 아동 미술? 더 넓은 범위의 시각 문화?)과 본질(제작? 감상? 사회적 함의의 고려?)을 검토하고 있다. 사회적 행동으로서의 예술 개념은 어쩌면 두 세계 모두에 특정한 함의를 가지고 있을지도 모른다.

이런 배경과는 대조적으로 배우들은(교사 레빈의 교실에 들어가려던 배우들처럼)[13] 그리스 비극에서 보이는 감정의 발산이나 연극이 고유하게 갖는 모방적이고 해석적인 사고에 관한 예술 교육 유형에 참여하지 않는다. 그보다는 오히려 아이들의 삶을 향상시키고, 그렇게 함으로써 그들이 살고 있는 지역 공동체까지도 향상시킬 수 있는 매개체가 연극이라고 보고 있다. 그 젊은 예술가들은 예술을 통해 긍정적인 사회적 행동에 기여하기 위해 애쓰고 있다. 그리고 예술을 통해서 자기 학생들의 학업 수행을 개선하려고 노력한다는 면에서 교사인 레빈도 그러하다.

교사 레빈은 자기 반 아이들이 위대한 희곡의 내용을 읽고 연기하면서 단어가 실제로 쓰이는 방식을 경험해 볼 기회를 가지고, 그 단어들과 연관되어 있는 예술적 활동을 통해 학교에서 자신들이 배우고 있는 것이 가진 중요성과 가능성에 대해 새롭게 인식하기를 기대했다. 그 젊은 배우들은 배우와 청중을 분리하고, 현실과 공연을 분리하는 연극의 전통에서 벗어나서, 학생들이 자기가 살고 있는 삶의 중요성을 깊이 있게 고려하고 재고할 수 있는 매개체로서 연극 매체를 실질적으로 활용할 수 있게 하고 싶어 했다. 교사 레빈과 배우들 양측 모두 학생들의 행복을 염두에 두고 있었고, 그들 모두 당면한 순간을 넘어서는 예술 활용에 대한 생각들을 가지고 있었다.

그 배우들이 학교를 방문하기 전에 교사와 배우들이 대화할 시간이 더 있었더라면, 그들은 그들 각자의 관심사를 모두 만족시키는 계획안을 발전시킬 수 있었을지도 모른다. 교실에 초대되는 모든 방문 예술가들의 기여가 성공하기 위해서는 사전 계획과 사후 활동이 필수적이다. 이렇게 구조화된 활동들은 예술가들이 교사 레빈의 교실 질서를 흔들지 않고 연극 수업을 시작하는 긍정적인 결과로 나아갈 수도 있었을 것이다.

그들이 그 문제를 어떻게 해결했든지 간에, 풍부한 예술적 표현과 연관된 〈감정적인 혼란〉에 대해 교사 레빈이 느낀 불안감은 보수적인 교사의 피해망상을 반영하는 것이 아니다. 너무나 분명하게 감성과 이성에 연관되어 있는 예술은 다른 과목들이 요구하는 것과 다른 수준의 주목과 참여, 자기 탐구, 위험 감수를 요구한다. 지역 사회에서 일하는 예술가들은 학생들의 감정을 혼란시킬지도 모른다는 위험에 대비하고 있는 듯하지만, 무시하기 어려운 학업에 대한 요구와 난

감한 시간상의 제약에 둘러싸인 학교 교사들은 위험을 무릅쓰는 것에 대해 조심스러울 수 밖에 없다. 그러나 때때로 뉴욕 시의 9·11 참사를 마주한 교사들이 보여 주었던 바와 같이, 예술이 필요하다는 명제에 대해서는 고민의 여지가 없을지도 모른다.

우리는 더욱 수월하고 깔끔하게 관리할 수 있는 학교를 유지하기 위해서 예술을 영역 밖으로 더 멀리 밀어내고 있는 걸까? 아니면 우리가 예술을 학교의 모든 교수와 학습을 위한 본보기나 자원으로 삼아, 그 중심에 놓을 수 있을까? 만일 배우들이 교사 레빈이 학교의 일과에서 다루어야 할 제약들에 대해 더 알았더라면 어떠했을까? 그 배우들은 「로미오와 줄리엣」을 매우 중대한 사안들에 대한 학생들의 의사 결정이 다루어지는 패러다임의 일부분으로 포함시킬 수 있지 않았을까? 교사로서 예술의 가치를 인정하거나 부정하는 분위기를 만들 수 있는 교사 레빈과 수많은 아이들에게 닿을 수 있는 그 재능 있는 배우들 같은 예술 옹호자들이 서로 공감하는 영역들을 가로질러 생산적으로 이야기할 수 없다면, 결국 지지하는 영역이 일치하지 않는 사람들은 절대로 설득할 수 없는 현실에 어떤 감정을 느낄까? 시간, 존중, 그리고 협력은 교육 내 예술이 발전하는 데 필수적이다.

교사가 교육 과정상 요구하는 사항을 포함하는 것이 젊은 배우들에게 유익했을 것처럼, 교사 레빈도 그 배우들의 기술과 포부에 대해 더 배우고 그들이 알려 주고자 했던 기술을 고려해 볼 시간이 있었다고 상상해 보라. 아마도 그녀는 〈아, 네. 좋은 제안이네요. 우리는 교육 과정 전반에 걸쳐 의사 결정 능력을 고려하고 있고, 물론 거기에는 학생들이 살면서 가지는 고민에 관한 문제들도 포함되어 있어요. 즉흥극은 내가 가르치고 있는 모든 과목에서 사용해 볼 수 있는 좋은 도구일 것 같네요. 한번 해보죠〉라고 말했을 수도 있을 것이다.

우리는 분류와 배제에 대한 욕구를 극복해야 한다. 기대에 동의를, 성실함에 유연함을, 구조화된 사고의 야망에 혼란스럽게 뒤섞인 감정의 세계를 통합하는 방향으로 나아감으로써 말이다. 21세기로 나아가는 예술 옹호자들은 과거의 가르침에 유념하고, 현재의 제약 조건을 존중하며, 미래의 가능성에 희망을 가질 필요가 있다. 이러한 고려 사항들과 앞서 진행한 모든 내용에서, 옹호자들이 앞으로 나아가는 데 필요한 지침들이 드러난다. 이러한 지침들은 다음 절에서 해서는 안 될 일과 해야 할 일로 기술되어 있다.

옹호자들이 해서는 안 될 일과 해야 할 일

우리는 다양한 영역에서 일하는 예술 옹호자들을 보아 왔다. 학부모, 창의적인 교사, 학생, 연구자, 설득력 있는 작가, 그리고 지역 조직책을 포함하여 인근 지역에서 일어나는 작은 옹호가 있다. 그리고 수도인 워싱턴에서, 또는 주요 재단과 옹호 기관들을 통해서 전국의 교육에 적용되는 정책에 영향을 미치면서 일하고 있는 광범위한 영역의 큰 옹호가 있다. 전진하는 옹호자들이 과거의 가르침에 유념하고, 현재의 제약 조건을 존중하고, 미래의 가능성에 대해 희망을 가져야 한다는 생각을 바탕으로 한, 다음에 나오는 일곱 쌍의 규칙은 21세기 예술 교육에 변화를 가져올 주체들의 노력을 독려하고 조율하는 데 도움이 될 수 있을 것이다.

1. 대립 대 협력

〈우리/그들〉의 딜레마

〈그들〉이 시험 점수의 향상에만 신경 쓰는 반면 〈우리〉는 주의 깊고 배려하는 완전한 인간 발달에 대해 신경 쓴다고 가정하면서, 〈우리〉 대 〈그들〉 식의 대결로 몰고 가지 말라. 〈그들〉(교수와 학습에 대해 서로 다른 다양한 기대를 가지고 있는 개인들)은 대안적인 견해를 무시하는 눈가리개를 한 채 모든 과목들과 학생들을 위협하고 있는 어떤 체제를 변화시키는 데 있어서 최고의 협력자가 될 수도 있다는 것을 잊어서는 안 된다.

〈우리/모두〉 접근법

우리는 모두 학생들을 지원하는 같은 입장에 있다고 생각하라. 우리 모두는 함께 우리가 최선의 교수와 학습법이라고 알고 있는 것을 침해하는 행정상의 제약에 시달리고 있다는 점을 인정하자. 컨퍼런스에서의 발표단 그리고 그 외 다른 예술 교육 발의들을 넘어서는 그 이상의 지지층들을 반드시 포함시키자. 만일 우리가 우리들이 대면하는 도전에 귀 기울이며 그것들을 돌보기 위해 함께 노력한다면, 우리는 더 폭넓은 지원으로 모든 것을 제공해 줄 협력 기반을 발전시킬 가능성이 더 높아질 것이다.

2. 확장 대 집중

〈우리는 그 일도 할 수 있어요〉라는 변명

〈그럼요, 예술은 그 일도 할 수 있어요. 예술 학습은 읽기, 수학, 사회를 가르치고, 비예술 과목의 시험 점수를 올려 주고, 지능 지수를 높여 주고, 게다가 다른 과목들처럼 표준화된 시험지로 시험을 볼 수도 있어요!〉라고 말하지 말라. 〈예술을 위한 예술〉이라는 융통성 없는 태도가 우리에게 큰 도움이 되지 않을 수도 있지만, 교육 과정 안에 안전한 자리를 얻기 위해 학생들이 예술에서 배우는 특별한 것을 놓치게 해서는 안 된다.

〈우리는 이 일을 해요〉라는 설명

예술을 독특하게 만드는 그 무엇 때문에, 예술은 학생들에게 다른 과목들이 제공할 수 없는 무언가를 독특하게 가르친다는 것을 의혹을 가진 자들에게 상기시켜라. 어떤 능력들 — 질문을 하고, 깊이 조사하고, 열심히 주의를 기울이고, 다양한 관점을 받아들이고, 개인적인 표현의 위험을 감수하는 능력들 — 은 특히 예술을 통해서 쉽게 접근할 수 있다는 것을 인정해야 한다. 무엇보다 중요한 것은 이러한 능력들이 교육 내 예술을 통해서 명확하게 다루어질 수 있다는 것이다.

이런 능력들이 예술 언어를 통해 문화 안에서 그리고 문화의 경계를 넘어서 어떻게 의사소통하고 의미를 이해하는지에 대한 지식이기 때문이다.

3. 격리 대 조사

〈아무도 신경 쓰지 않는다〉는 재원 조달 판단 실수

특정 재단들, 정부 기구, 행정 기관, 그 밖의 다른 재원들이 예술에 신경 쓰지 않는다고 추정하지 말라. 예술 학습이 행정부에서 민간 지역 예술 협의회, 그리고 부유한 대형 사립 재단들에 이르기까지 다양한 기관들로부터 폭넓게 지원받아 왔다는 것을 잊지 말라. 그리고 예술 교육은 진보주의뿐 아니라 표준을 기반으로 한 교육 운동에서도 창의적인 재원을 찾아내 왔다. 기회에 대한 탐색 없이 정형화된 생각으로 잠재적인 재원을 거부하면서 예술 교육을 위한 재정적 지원 기회를 놓치지 않도록 조심하라.

〈방법은 있을 것이다〉 연구

제안서의 요구 사항들을 살펴볼 때, 혹시 예상치 못한 예술 관련 발의 기회 또는 예술을 가져다 넣을 만한 드러나지 않은 가능성이 있는지 그 안의 모든 측면들을 살펴보라. 만일 도심의 학교에 셰익스피어를 지도하는 데 쓰일 기금이 있고, 당신은 그 돈이 라틴계 페미니스트 시인을 위해 쓰여야 한다고 생각한다면, 〈내 방식을 따르라, 싫으면

떠나라〉는 식의 구속적인 접근은 피하자. 그 대신 당신의 목표들을 융합할 방법들에 대해서 창의적으로 생각해 보자. 예술에 대한 말뿐인 인정인 〈예술은 물론 중요합니다〉와 같이, 그저 〈내뱉는〉 식으로 미루지 말라. 방어적인 반응을 넘어서 예상 밖의 가능성을 보라.

4. 관용 대 책무

〈어떤 예술 교육도 없는 것보다는 낫다〉

학교에서 격주에 반 시간이면 예술 교육 시간으로 충분하다는 생각을 너무 쉽게 받아들이지 말라. 학생들이 예술에서 충분한 기초 지식을 얻기 위해서는 자격 있는 전문가에 의한 진지하고, 순차적이며 규칙적인 예술 지도가 필요하다. 옹호자들이 제공되고 있는 예술 지도의 양과 질을 성실히 관찰하고 평가하지 않으면, 간식 시간에 CD를 듣는 것이 음악으로, 프랑스 여행에 관한 슬라이드를 보는 것이 시각 예술로, 체육이 무용으로 간주될 것이다.

〈양질의 예술 교육을 주장하라〉

학교가 다른 과목들에서와 같은 수준으로 예술 수업을 위한 교육과정 정보를 제공해 줄 것을 요구하라. 예술 교사들은 수업 시간에 무엇이 수행되고 있는지를 학부모들에게 반드시 알리고 예술 지도에 대한 기준뿐 아니라 시간이 얼마나 걸렸는지 그리고 얼마나 잘 가르쳤는지에 대한 기준을 높이 유지하도록 노력하라. 예술 지도에 대한 교사들의 관심 부족은 학생들이 예술을 이해하는 데 부정적인 영향을 미칠 뿐 아니라, 이 분야를 비효과적이거나 하찮은 것으로 보는 부정적인 고정 관념을 강화한다.

5. 측정 불가능함 대 유의미함

〈양적 측정은 피상적이다〉

〈측정할 수 있는 것〉과 〈측정되지 않는 것〉을 (유혹을 느끼더라도) 애써 양극화하지 말라. 학생들에게 맞는 답을 제공할 수 있는 유형의 지식을 비하하면서 예술을 표준화된 시험과 겨루게 하지 말라. 어떤 성과물들은 쉽게 계산될 수 있다는 것을 잊지 말라. 그러나 만일 우리 아이들이 학습하는 모든 것이 옳거나 그른 답들, 수치화된 점수, 양적으로 확정되는 결과들로 측정될 수 있다면, 우리는 그들에게 지나치게 단순하고 불균형적인 교육을 제공하게 된다는 사실 또한 잊지 말라. 이러한 지나친 간소화는 아이들이 미래의 복잡한 실제 세계를 대비하는 데 아무런 도움을 주지 못한다.

〈균형 잡힌 전체로서의 교육〉

표준화된 시험이 만연한 시대에, 예술은 아이들이 시험을 잘 치도록 하기 때문이 아니라, 시험을 넘어서는 배움의 장, 즉 정보가 확실히 중요한 부분이 되는 보다 넓은 교육의 풍경을 이해하도록 돕는 학습 상황을 제공하기 때문에 중요하다는 것을 기억하라. 옳거나 그른 답을 요구하는 질문은 조사하고, 탐색하고, 반성하는, 실제들을 넘어서는 질문과 대비되는 게 아니라, 이러한 질문을 위한 기반을 마련한다. 예술의 역할에 대해서, 예술은 학생들에게 보다 넓은 학습의 장을 소개할 수 있다고 설명하라. 정답은 유용하지만 유일한 것이 아니다.

6. 추정 대 발견

〈여기는 예술에 대한 관심이 매우 적을 거야〉

당신이 가야 하는 모든 곳마다 예술 교육이 부족할 것이라고 단정하지 말라. 짐작이 맞을 가능성이 있다 해도, 이는 무엇이건 간에 당신이 알아채지 못한 어떤 몫을 담당해 온 사람들에게 실례되는 일이다. 당신이 설득하고자 하는 청중의 배려심이 부족할 것이라 추정하지 말라. 당신의 관심과 지지를 얻고자 하는 사람이 당신을 최악으로 추정하는 역효과를 낳는다. 예술 학습은 거의 인정받지 못해도 예기치 않은 장소들에서 지속될 수 있다는 것을 잊지 말라.

〈여기서 예술은 어떤 상태인가?〉

당신이 가는 어떤 곳이든 예술의 상태를 반드시 조사하라. 학교 체제가 예술을 졸업 요건으로 삼고 있는지, 얼마나 많은 전문가, 교실, 학생이 예술 학습에 참여하고 있는지, 제공되는 과목은 무엇이며 학교 수업 일정 중 얼마나 많은 시간이 예술에 배정되어 있는지 등 예술 학습과 관련된 정보를 얻기 위해 다른 이들과 행동을 같이하라. 그렇게 얻은 지역 수준의 정보를 국가 수준에서 일어나고 있는 현상과 비교해 볼 수 있을 것이다. 그리고 〈여기서 예술에 참여하고 있는 분이 있으신가요?〉, 〈작년에 아이를 미술관이나 음악회에 데리고 가신 분들은 얼마나 되나요?〉와 같은 질문을 해보라. 사람들에게 그들 스스로가 관심을 가지고 있다는 것을 인정하게끔 하고 긍정적인 시각으로 당신의 탐색에 동참할 기회를 주라.

7. 이탈 대 인내

〈학교는 잊어버리고 학교 밖에서 양질의 예술 교육을 찾아보자〉

우수한 교외 지역 사회에 기반을 두고 있는 예술 학습 기회들이 너무나 많이 있으므로, 우리는 역사적으로 실패해 온 공립 학교에서의 예술 발전 노력을 포기해야 한다는 주장을 수용하지 말라. 아주 많은 차터 스쿨, 시범, 사립 학교 등이 공간이나 시간이 주어질 경우에 예술이 무엇을 할 수 있는지 명백하게 보여 주고 있다. 일상적인 학교 수업 일정에서 예술 학습이 배제되는 것을 허용하지 말라. 그것은 학교에서 제공받는 것 외에는 달리 예술을 경험할 수 없으며 또한 예술로부터 가장 많은 혜택을 받을 수 있는 학생들에게 등을 돌리는 일이다. 더 나은 학교는 예술을 포함한다는 것, 예술이 학교를 향상시킨다는 것, 예술 교육을 받는 아동들이 학교 생활을 더 잘한다는 것을 잊지 말라. 부디, 학교에서의 예술을 포기하지 말라.

〈우리는 승리할 것이다〉

당신이 예상하기에 교육 내 예술에 관해 흥미가 없을 듯한 사람들과 이 주제로 논의할 기회를 잡아라. 우리 모두가 공통적으로 학교에서 마주하고 있는 문제들과 우리 학생들을 위해서 함께 공유하는 목표에 관심을 기울여라(협력). 당신의 논의에서 예술의 무엇이 독특한지와 다른 과목들이 하지 못하는 무엇을 예술이 가르치는지에 주력하라(집중). 예기치 못한 현장에서 교육 내 예술을 지원할 기회를 탐색하고 닫혀 있는 듯 보이는 문들을 밀어젖혀라(연구). 학교가 제공하고 있는 예술 교육에서 질을 강조하고 무엇이 어떻게 교육되고 있는지 주시하라(책무). 표준화된 평가와 이것이 강조하는 정답을 얻는 것에 대해 집착하기보다는 통합을 향해 노력하라(유의미함).

예술 교육은 여러 우수하고 대안적인 현장에서 일어나고 있다는 것을 자각하고 그것들이 어디 있는지 찾아내라(발견). 그러나 학교 없이는 흔적 만들기나 더 크게 노래하기, 몸을 틀어서 리듬과 감정을 표현하기, 또는 배역을 맡으면서 일상의 현실을 확장하기 등의 즐거움을 알지 못할 아이들의 교육에서, 예술을 위한 안전하고 의미 있는 위치를 찾는다는 면에서 항상 소중한 것에 주의를 기울여라. 모든 장애물과 역경에 대항하여 예술을 통해서 공교육을 개선할 탐구를 계속하라(인내).

4
미래를 생각하며

8세 아동이 제작한 삼차원 인물 조형

매체: 폴리머 찰흙. 다리 미셸의 사진

교육 내 예술에 대한 나의 옹호는 열여섯 살 때 뉴욕 시의 한 여름 캠프에서 미술 지도를 해달라는 요청을 받으면서 시작되었다. 그 역할 안에서, 그리고 이후 여러 해 동안의 시각 예술 지도에서 아이들에게 긍정적인 예술 경험을 제공하기 위해서 열심히 일했기 때문에, 나는 한 사람의 옹호자였다. 지역 사회에서 아이들과 함께 벽화 작업을 하고, 학교에서 초청 예술가들의 일정 수립을 돕고, 예술 발달과 학습을 연구해 나가면서 나의 옹호는 활력을 얻었다. 마침내, 별로 관심이 없을 거라고 짐작했던 한 대학원에서 내가 예술에 관심이 있는 교육자들을 위한 장소를 설치하고자 일할 때, 나는 한 명의 거침없는 옹호자가 되었다. 그런데, 예술에 별로 관심이 없다고 추정했던 곳이니 그 교수진들을 설득해야 할 필요가 있었을 거라고? 그들은 모두 이미 그 일에 관심이 있었다. 그리고 그들은 교육 내 예술 프로그램의 수립을 도왔다. 만일 누구든 나보다 먼저 그것이 가능할 거라고 생각했었다면, 이 일은 더 일찍 일어났을 수도 있었을 것이다.

　이 시기에 나는 교육 내 예술을 옹호하는 한 사람으로서, 나 자신이 이를 주제로 글을 쓰고 사람들을 설득하는 일에서 가장 큰 즐거움을 얻는다는 것을 깨달았다. 이 책에서 〈서막〉이라는 이름으로 실려 있는 글들은 이러한 시기에 쓰인 것으로, 모든 학문 분야의 교육자들이 읽는 정기 간행물인 『주간 교육』에 실렸던 것을 다시 고쳐 쓴 것이다. 동료들은 내 글을 예술 전문지에 기고해야 게재될 가능성이 높을 거라고 말했지만, 나는 내 글을 예술 분야에 한정되지 않고 보다 널리 읽히기를 바랐기 때문에 『주간 교육』에 기고했다. 내 글은 편집 과정에서 아무런 수정 없이 바로 게재되었다. 부디 일반 교육자들과 관리자들이 예술에 관심이 없을 거라고 단정하지 말라. 그들은 관심이 있다.

　그 밖에 또 뭐가 있을까? 그들은 현장에서 나오는 이야기들, 그러니까 학교에서 이루어지는 예술의 중요성에 대한 당신의 신념을 낳고 확인해 주는 직업적인 경험들이 지닌 가치를 안다. 그들은, 학교 다니는 것을 악몽처럼 생각했으나 음악으로부터 영감과 자신감을 되찾은 학습 장애아를 자식으로 둔 부모들의 이야기를 듣고 싶어 한다.[1] 그들은 당신이 학생들을 위해 노래하거나 그들에게 당신을 위해 노래해 줄 것을 요청할 때, 당신의 교실이 어떻게 활기를 띠게 되는지 알고 싶어 한다. 그들은 미국 독립 선언서 조인식을 연극처럼 실연해 보거나, 학생들에게 마치 자신들이 세기의 전환기에 이 나라에 도착한 것처럼 일기를 쓰도록 요구하는 것이 역사 수업을 생생하게 만든다는 사실을 알고 싶어 한다. 그들은 학문적인 것과 비학문적인 것 사이의 차이가 어떤 과목의 내용적 특성보다는 그 과목이 학습되는 진정성과 더 관련이 있다는 것을 알고 싶어 한다.

나에게 글쓰기는 열정을 표현하는 수단이었다. 다른 이들은 시위를 주동하거나, 예상을 뛰어넘고 지루한 편견을 타파하는 예술 교육 운동을 이끄는 가운데 자신의 열정을 표현한다. 또 다른 이들은 국가 기관에 지원하거나 기업에서부터 비영리 예술 교육 부문에 이르기까지 다양한 곳에서 그들의 기량을 펼친다. 글쓰기와 연구를 통해서든, 아니면 긍정적인 사회·정치적 행위를 통해서든 간에, 우리는 우리가 다가가고 싶어 하는 사람들이 듣고, 읽고, 보는 것 그리고 그들이 필요로 하는 것 또는 알았던 것 그리고 아직 매우 소중히 여기는 것에 대해 새롭게 확신하거나 재확인할 준비가 되어 있다고 생각해야 한다.

이 작은 책에 수록된 마지막 서막은 여러 해 동안 나를 가르쳐 온 전문 예술 옹호자들의 생각을 기반으로 한다. 〈예술의 힘에 대해서 누군가를 설득하고 싶다면, 그들을 예술이 만들어지는 현장으로 데려가라.〉 교장, 관리자, 정책 입안자를 데리고 예술 컨퍼런스에 가라. 그들이 음악에 맞추어 움직이고, 찰흙을 주무르고, 벽화를 제작하는 십대 청소년들과 협력할 기회를 반드시 가지게 하라. 그들 중 한 명에게는 횡설수설 이야기하도록 청하고, 다른 한 명에게는 무슨 말을 하고 있는지를 청중들에게 통역해 주라고 부탁해 보라.

핑거 페인트용 물감을 짜보게 하라. 그들은 그 느낌이 얼마나 좋은지 잊어버리고 있었을지도 모른다. 그들이 건물 안으로 입장할 때 행진곡을 틀어 보라. 그들은 박자에 맞추어 걸을 것이다. 그들에게 아프리카풍 드럼 연주에 맞추어 즉흥적으로 움직이도록 요청해 보라. 그들은 아마도 그들이 그렇게 할 수 있다는 것을 잊고 있었을 것이다. 그들로 하여금 어린아이와 함께 그림을 그리게 하고 아동 미술의 마법과 교육의 예술가적 기교를 기억하게 해보라. 이 마지막 서막은 내 손자가 나를 위해 해주었던 그러한 일에 기초하고 있다.

서막: 어린아이와 그림 그리기

일회용 팔레트 위에 새 수채화 물감을 짜는 일은 언제나 즐거운 일이다.[2] 깨끗한 흰색 팔레트 위에 카드뮴 빨강과 파랑, 약간의 청록색, 커다란 흰색 덩어리, 그리고 물론 검정색을 짠다. 신이 난 세 살배기 아이의 면밀하고 주의 깊은 관찰 아래, 이 활동은 거의 신성한 작업이 된다.「좋아, 빨강.」「오오, 초록. 나 이 색 좋아.」「흰색 왕창.」그러곤 만족스러운 듯이 말한다.「검정.」

우리 두 사람은 예술가다. 이 작은 소년과 그의 할머니. 둘 다 예술가로서 어떻게 처신해야 하는지 의논해 왔던 대로, 우리는 작은 호숫가 오두막에 자리 잡아 그림 그릴 준비를 한다. 나는 주의를 준다.「여기는 내 작업실이니까 도구를 소중히 다뤄야 해.」성스러움이 이러한 의식 모두에 깃들어 있다. 수년 전의 어느 여름날 오후가 생각난다. 친한 친구의 세 살배기 딸아이가 마사즈 바인야드 해변에서 그림을 그리고 있던 내 곁으로 다가와 바짝 붙어 앉았다. 그 애가 과연 내 옆에서 그림을 그릴 수 있을까? 그 애의 세심함은 인상적이었다. 내가 일러 준 대로, 짜놓은 물감에 붓을 대기 전에 충실히 되풀이하여 자신의 붓을 씻었다.

내 손자도 그와 같이 주의 깊게 시작했다. 붓이 새 종이에 닿을 때마다 각 색채는 깨끗하게 발라져 나왔다. 노란색 물감 덩어리는 척척 선으로 변하고, 다음엔 파란색이, 다음엔 초록색이 선으로 변했다. 하나하나의 붓놀림과 함께, 자신이 만들고 있는 이미지에 대한 아이의 반응은 뚜렷해졌다. 첫 번째 색칠에서 나타나는 미소와 다음 색칠에 대한 목적의식. 이제 틀림없이 빨강을 필요로 한다. 붓은 이전의 어떤 붓놀림보다 조금 더 거칠게 물에 닿은 후 빨간색 물감에, 그러고는 단호한 몸짓의 자유로움을 담아 마침내 이젤 위에 놓여 있는 종이에 이른다.

그런 멋진 붓놀림에 의해, 빨간색이 깔끔하게 그려진 부분에서 흘러내려 방울방울 수직으로 떨어졌다. 세 살 된 아이들은 〈모든 실수에는 의도가 담겨 있다〉는 격려의 말조차 해줄 필요가 없다. 조금도 주저하지 않고 에머슨은 흘러내린 방울을 아래로 향하는 힘찬 선으로 바꿔 놓았다. 그는 발전하고 있는 자신의 이미지와 상호 작용하면서, 〈나는 막대 사탕을 그리고 있어요〉라고 말했다.

다채로운 중심 이미지 너머로 또 다른 동그라미가 떠올랐다. 탁한 동그라미(팔레트의 상태가 이전처럼 온전하지 못했다)는 미소 짓는 태양을 감싸고 발산하는 빛살들을 한껏 뿜내고 있었다. 「해가 나왔어요. 저기 모든 곳이 온통 물이에요.」 그 붓은 이제 물컵에 담기지 않고, 종이의 왼쪽과 오른쪽을 가로지르며 파도치고, 개별적인 형태들의 선명함을 잔뜩 흐트러뜨린다. 1960년대에 미술 교사를 했던 나로서는, 그 어린 예술가가 결국에는 우중충하게 칠해진 종잇장이 되어 버릴 구분할 수 없는 이야기를 계속하기 전에 몇 번이나 이 세 살짜리의 이젤에서 절반만 완성된 그림을 빼앗고 싶어 했던가.

「그리고 물 건너 저쪽에는 물고기들이 있어요.」 에머슨은 설명했다. 아이의 움직임은 한층 활발해졌고 그 이미지는 점차 전반적으로 갈색이 되어 가고 있었다. 「이 물고기들은 빠르게 헤엄치고 있어요.」 아이는 점점 커져 가는 열정을 담아 생각을 분명히 표현했다. 그러고는 거의 무심결에 붓을 버려 두고 붓들을 담아 둔 물컵에 자신의 손 전체를 푹 담가 버렸다. 젖은 손은 이제 하나의 도구였다. 에머슨은 손가락으로 진흙탕이 되어 버린 종이 팔레트를 휩쓴 다음 그림 위로 가로질러 버렸다. 그러고 나서 에머슨은 그 이미지(밀도 있는 묘사와 숙련된 예술적 움직임의 설명이나 해석이라기보다는 거대한 얼룩처럼 보이는)에 거의 도취된 상태에서 당당하게 말했다. 「그림이 완성됐어요. 이걸 오두막 천장에 매달아 주세요.」

나는 아이의 작업에 맞춰서 팔레트와 공간을 공유하려고 애썼다. 에머슨이 자신의 이야기와 매체 안에서 방황하는 동안에, 나는 흙탕이 된 팔레트로 인해 선택의 폭이 계속해서 제한되어 가는 상황에 적응하려고 애썼다. 창밖의 산과 나무들을 바라보면서, 나는 나 자신의 표현 욕구와 내 손자의 자유로운 몸짓 사이에서 균형을 유지하려고 노력했다.

나는 내가 구성하기 시작했던 깔끔하게 정리된 이미지를 내려다보았다. 누구든지 그늘진 언덕을 배경으로 한쪽 가장자리에 작고 어두운 나무들이 심어져 있는 세심하게 채색된 푸른 물을 볼 수 있었을 것이다. 내 계획은 분명했다. 몇 시간 또는 며칠 쉰 후에 나의 뻔히 예견되는 작업을 계속하는 것은 어렵지 않을 것이다. 그러나 에머슨의 작업은 완성되었다. 창작 과정의 시작부터 마무리까지 완료된 그의 흙탕이 된 갈색 종이는 어떤 감상자에게도, 동그라미로부터 (아마도 내 종이에 일어난 것에 영향을 받았을) 풍경으로 발전된 과정은 물론 인상파적인 물고기와 열띤 어린 예술가 사이에 있었던 통일된 활동을 설명할 수 없을 것이다.

최종적으로 완성된 얼룩을 바라보면서 나는 더 많은 것을 본다. 색의 단층들. 움직임과 질감. 최종적인 인상만 고려하지 않는다면, 에머슨은 내 그림보다 훨씬 더 흥미로운 이미지를 창조한 셈이다. 심지어 완성작을 둘 장소로 (냉장고 문 같은 곳은 이야기하지 않고) 천장을 지정하면서, 에머슨은 미술의 규칙들 — 무엇이, 무슨 이유로, 어디에서 만들어졌는지에 대한 예측 가능한 기대들 — 을 무너뜨렸다.

에머슨이 계속해서 그림을 그려 나간다면, 아이는 테크닉과 도구와 매체를 통제하는 능력, 그리고 작품이 완성되는 상이한 기준들 등 많은 것을 알게 될 것이다. 그러나 에머슨이 그림을 그리면서 발달해 가는 다른 아이들과 같다면, 그는 이야기와 색채, 형식이 다층적으로 구성된 이 감동적인 복합체로부터 보다 정형화된 이미지로 나아갈 것이다. 문화적 제약 조건들로 인해 남의 이목을 의식하는 그런 이미지 말이다. 피카소가 어느 날 자신이 어린이처럼 그릴 수 있게 되지 않았다면 일생 동안 라파엘처럼 그렸을 것이라고 말했을 때, 그는 에머슨 같은 아이를 생각했을 것이다. 어떻게 우리는 재료들에 대한 대담함과 열정, 창조의 자신감과 유동성, 기호 속에서 의미를 만들고 찾아내는 합성 과정, 그리고 이 모든 것으로의 총체적인 몰두를 간직할 수 있을까?

우리 둘이 오래된 기타를 끌고 햇볕 아래로 나아가 몇 곡의 이른 아침 노래를 불렀을 때, 나는 어른으로서의 의식보다는 이 어린아이의 과정을 공유하는 관계 속에서 내가 확장되고 신명 나는 것을 느꼈다. 우리는 왜 가르치는가? 우리는 교육자로서 단지 유아기의 재능이 복구되길 바라면서 어린아이와 시간을 보내는 베테랑 예술가는 아닌가? 아니면, 이런 눈부신 빛의 공유가, 가끔씩 있는 순간들 속에서이긴 하지만, 그 모든 것을 위한 충분한 자극제가 되지는 않는가?

요약

지금까지 논의한 내용의 골격을 요약하면 다음과 같다.

- 학교 교육 내 예술은 적어도 아홉 가지의 형태로 나타난다.
(1) 예술 기반 교육, (2) 예술 통합 교육, (3) 예술 주입 교육, (4) 예술 포함 교육, (5) 예술 확장 교육, (6) 예술 전문 교육, (7) 교과 외 예술 교육, (8) 미적 교육, (9) 아츠 쿨투라.

- 학교 교육 내 예술의 지위 확보에 대한 최소한 일곱 가지의 대표적인 반대론이 있다.

  (1) 가치, (2) 시간, (3) 측정, (4) 재능, (5) 전문 기술, (6) 자금, (7) 자율성.

- 적어도 다섯 가지의 특성 또는 주안점을 가지고 있다는 면에서 교육 내 예술은 독특하다.

  (1) 생산물, (2) 감정, (3) 모호성, (4) 과정 지향, (5) 연관성.

- 교육에 예술을 포함시킬 설득력 있는 근거에 해당되는 최소한 열 가지의 예술 학습 결과물이 있다.

  (1) 상상력, (2) 작용 주체, (3) 표현, (4) 공감, (5) 해석, (6) 존중, (7) 탐구, (8) 반성, (9) 참여, (10) 책임.

- 예술 옹호에 있어서, 우리는 최소한 일곱 쌍의 해서는 안 될 일과 해야 할 일을 유념해야 한다.

  (1) 대립/협력, (2) 확장/집중, (3) 격리/조사, (4) 관용/책무, (5) 측정 불가능함/유의미함, (6) 추정/발견, (7) 이탈/인내.

나는 위의 38가지 항목들이 (부디 나의 양적인 기록에 주의해 주길!) 교육에 대한 예술의 가치에 대해서 다른 이들을 설득하기 위해 애쓰는 옹호자와 교육 내 예술의 잠재적 가치를 고려하는 사람에게 유용했기를, 또 앞으로도 유용하길 바란다. 나는 또한 내가 여기서 확인한 쟁점들이 예술에 접근하고 그것을 교실에서 이용할 새롭고 효과적인 방법들을 숙고 중인 예술과 비예술 교실의 교사들에게 활용되길 바란다.

나는 특히 모든 독자들이, 예술에 대한 변명을 멈추고, 일반 교육의 최신, 최대의 요구가 무엇이든지 간에 그 안에 금형이 가능한 예술의 독특한 특성을 이용하여 일반 교육의 틀 안에 예술을 끼워 맞춰 주조하려는 시도들을 멈추는 담론으로의 초대이자 명료성에 대한 요청으로서 이 선언문을 보길 바란다. 나는 모든 독자들이 예술에 대해서, 예술이 다른 과목들이 하지 않는 무엇을 독특하게 하는지에 대해서, 그리고 예술만이 제공하는 활력이 넘치는 방법들에 대해서 이야기를 시작할 때라는 데 동의하길 바란다.

이러한 견지에서, 부디 내가 제공한 목록들을 검토해 보고 빠진 것을 살펴보길 바란다. 부디 교육 내 예술을 위한 새로운 시나리오를 추가하기 위해 적극적으로 나서 주길 바란다. 당신이 현장에서 직면하는 가장 최신의 그리고 가장 신경 쓰이는 반대 의견을, 예술이 교육에서 수행했던 독특한 역할을 당신의 실천에서 또는 당신 아이의 인생에서 목격한 구체적인 사례를 말이다. 당신이 발견한 그 외의 다른 설득력 있는 근거들, 즉 다른 과목들에 봉사하기 위해서가 아니라 예술 자체의 권리로 예술 교육을 할 필요가 있음을 설득력 있게 말해 주는 다른 근거들은 초중고에 재학 중인 아이들과 학교 담장 밖에 있는 아이들 모두의 교육에 필수적이다. 만일 이 선언문이 당신의 노력에 불을 지폈다면, 당신의 믿음을 분명하게 하는 틀을 제공했거나 어떤 식으로든 교육 과정에 안전한 자리를 보장하는 데 필요한 지속적인 노력으로 인도했다면, 이 선언문은 이미 목표 이상을 이룬 것이다.

학부모, 교육자, 관리자, 관리 기구, 재단, 학생, 지역 사회 지도자로서, 우리는 서로에 대한 높은 기대를 가지고 신뢰를 유지해야 한다. 우리 아이들이 표준화된 시험지의 네모난 상자 안에 답을 표기하는 것으로서 배우고, 생각하고, 기억하는 시험 전문가가 되어야 한다고 믿는 〈그들〉과 우리 아이들이 〈그 네모난 상자 밖에서〉 배우고 생각하고, 질문하는 전인적 아동이 되어야 한다고 믿는 〈우리〉는 존재하지 않는다. 학교에 있는 아이들을 위해 앞으로 나서고 있는 우리 모두는 아이들을 돌본다는 같은 목적을 가지고 있다. 그리고 이것이 시작의 한 지점이다.

시험을 옹호하는 사람들은 우리 아이들이 배우고 있다는 확신을 원한다. 우리 아이들이 측정 불가능한 지식과 경험을 얻기를 원하는 사람들 역시 아이들이 배우고 있다는 확신을 원한다. 이 대화의 양측은 모두 존중과 소통을 필요로 한다. 우리는 아이들이 과학과 예술 두 분야 모두에서 교육받기를 원한다. 그리고 우리는 아이들이 과학에서 예술을 알고, 예술에서 과학을 아는 균형 잡힌 사람이 되기를 바란다. 우리는 아이들이 그들의 세상과 그들이 살아가면서 만나게 될 사람들의 세상을 더 좋아지게 할 비전을 다듬어 낼 균형 감각과 기회, 도구를 가지기를 원한다. 우리는 다음을 기억해야 한다. 시험, 사실, 양적인 측정, 그것은 과학이다. 교육이 시험, 사실, 양적인 측정을 넘어서는 길, 그것은 예술이다.

감사의 말

나의 편집자 캐롤 살츠의 교육 내 예술에 대한 넉넉한 시야와 한결같은 헌신에 대단히 감사한다. 또한 이 책의 방향과 형태를 잡는 데 도움을 준 사범 대학 출판부의 주디 버먼, 수전 리디코트, 그리고 칼 나이버그에게, 그리고 이 책이 발간되는 데 도움을 준 타마르 엘스터와 레아 온스키에게 감사한다.

자신이 공동 편집한 교육 용어 사전의 예술 교육 용어 정리를 위해 전문성을 갖춘 대학원생들을 조직하도록 권유해 준 존 콜린스에게 특별히 감사한다. 나는 그 훌륭한 그룹에 감사한다.

나는 프로젝트 제로의 동료들이 자랑스럽고, 그들의 인지와 예술에 대한 획기적인 연구와 이 분야에 대한 귀중한 기여에 감사한다. 그들의 훌륭한 연구 성과들로 이 책의 내용은 한층 더 풍요로워졌다.

하버드 교육 대학원에 예술을 오래 지속할 수 있는 안전한 장소를 만든 퍼트리샤 보만과 존 랜드럼 브라이언트의 지도력에 한없이 감사한다. 또한 안식처를 안전하고 견고하게 지키는 것을 돕는 교육 내 예술 프로그램 자문 위원회의 위원들에게 갈채를 보낸다. 내가 옹호라는 주제에 도전할 수 있게 해준 데 감사한다.

   사랑하는 카를로타, 다리, 페이, 사라, 그리고 트루디에게 감사한다. 그리고 내 귀여운 손주들, 12살 에머슨, 8살 맬컴, 그리고 2살 윌리엄. 너희들의 창의성, 익살스러움, 유쾌한 작품들에 대해서 감사한다. 장난기와 의젓함을 고루 갖춘 내 아이들에게 감사하고, 글을 쓰고자 했던 나의 꿈과 그 이상을 가능하게 해준 나의 소중한 그대 윌에게 감사한다. 이 작업을 하면서 나에게 영감을 불어넣어 줬던 모든 학생들에게 이 책을 바친다. 꼬마 예술가들부터 성인 예술 교육자들에 이르기까지, 당신들과 함께 일할 수 있었던 것은 특권이었다. 당신들이 내게 가르쳐 준 모든 것에 대해서 여러분 모두에게 감사하고 당신들의 목소리가 이 책 안에서 울려 퍼지길 바란다.

교육 내 예술 옹호 기관

이 목록에 수록된 단체들*은 교육 내 예술을 옹호하는 데 주력하거나 전국적인 차원에서 활동하고 있는 옹호자들에게 매우 중요한 쟁점들을 전하고 있다. 하지만 다양한 주 단위에서 활동하고 있는 기관들이나 연합 단체들은 그들 중 상당수가 전국적인 시각을 취하고 있다 하더라도 이 목록에는 포함시키지 않았다. 옹호자들은 그들이 활동하고 있는 주의 예술 위원회와의 접촉을 통해서, 그 주에서 활동하고 있는 다양한 영역별 단체들에 대한 정보를 찾을 수 있을 것이다. 실제로 주 예술 위원회들은 지역 예술 센터, 예술 교육 협력, 그리고 다른 지방 예술 교육 운동 등에 대한 훌륭한 정보원이다.

- 한국의 교육 내 예술 옹호 관련 기관 및 주요 단체들은 다음을 포함한다. 문화체육관광부(www.mcst.go.kr), 한국문화예술교육진흥원(www.arte.or.kr), 한국문화예술위원회(www.arko.or.kr), 한국예술문화단체총연합회(www.yechong.or.kr), 문화연대(www.culturalaction.org), 전국미술교과모임(art.eduhope.net), 전국음악교과모임(music.eduhope.net), 한국교육연극학회(www.kade.kr), 한국교사연극협회(www.ktta.org), 국제아동청소년연극협회 한국본부(www.assitejkorea.org) 한국무용협회(www.dancekorea.org), 한국현대무용진흥회(www.moderndance.co.kr).

표본으로 추출된 아래의 웹사이트들은 모두 옹호자들에게 훌륭한 자원이 될 것이다. 이 단체들은 옹호자들에게 넓은 예술 교육계에서 일어나고 있는 문제점과 성과 모두를 포함한 정보를 제공한다. 그 밖에도 그들은 옹호자들의 관심과 요구를 돕는 연구에 이르는 수단을 제공하고 여타 문서들을 발행하거나 제공하는 일을 한다. 보고서, 권고 사항, 가이드라인 등 자료들 중 상당수는 무료로 내려받을 수 있으며, 모든 자료는 정기적으로 갱신된다. 이들이 관리하는 자료들에는 예술 학습이 학생들에게 미치는 영향을 입증하는 최신 연구 결과와 예술과 일반 대중의 생활 방식 사이의 긍정적인 연관성, 혁신적인 프로그램들과 현장의 성과들에 대한 뉴스, 일반 학교에서 시행되고 있는 예술 학습의 양적, 질적 통계, 정책 담당자들의 신상 정보와 예술에 대한 이들의 태도 등이 포함된다.

그 밖에도 이 단체들은 교육 내 예술 옹호자들을 돕기 위해 특별히 제작한 안내서와 도구들을 제공한다. 이 자료들은 긍정적인 조치와 개선 그리고 재정 지원 기회에 대한 세부 사항들을 위한 유용한 정보를 제공한다. 웹상에서 한두 시간 사이트들을 옮겨 다니면 곧 우리 모두가 갈망하는 〈교육 내 예술 옹호 101 Advocacy for the Arts in Education 101〉 강좌에 이르게 될 것이다. 이 단체들은 전화나 우편을 통해서도 연락할 수 있으며 또한 그들이 마련한 인쇄 자료들을 간절히 공유하고자 한다. 이 목록이 포괄적이진 않으나 적극적인 옹호자들은 자신에게 필요한 웹사이트와 자원을 찾아낼 것이다. 그러나 애석하게도, 옹호 단체들의 개관과 폐관으로 인해 목록상의 어떤 항목들은 시간이 지나

쓸모없어져 있을 수도 있다. 그럼에도 불구하고 가장 중요한 것은, 이 목록이 옹호자들에게 그들은 혼자가 아니며 이미 있는 것을 다시 만드느라 시간을 낭비할 필요가 없다는 사실을 확인시켜 준다는 점일 것이다. 이 단체들이 배포하는 보고서들은 옹호자들을 정보와 영감으로 무장시켜 주는 동시에 지역 수준에서의 연구를 위한 영감을 제공한다.

〈희미해지는 빛 속에서 예술 교육을 색칠하는 미디어 Media Paints Arts Education in Fading Light〉라는 제목으로 국가 교육 위원회 Education Commission of the States를 위해 준비되었던 문서(Douglas Gold & Co., 2005)는 교육 내 예술에 할애된 전국적 언론 보도의 종류와 양에 대한 개요를 제공한다. 옹호자들에게 전하는 이 문서의 함의는 명백하다. 〈알아내시오. 그리고 당신이 발견한 것을 모두에게 알리시오. 편집자에게 편지를 쓰고, 당신의 행사에 언론사를 초대하고, 말을 퍼트리시오!〉 나는 아래 목록에 있는 집단들과 여타 그들과 비슷한 사람들이 새로운 관점의 틀을 짜고, 그들의 노력에 지지를 얻고, 예술 내 교육에 관한 새로운 미래를 작성하면서 옹호자들에게 도움이 되길 바란다.

게티 예술 교육원 Getty Education Institute for the Arts: ArtsEdNet(www.getty.edu/education)
교육 연극 연합 Educational Theater Association(schooltheatre.org)
국가 예술 기금 National Endowment for the Arts(www.nea.gov)
국가 예술 인정처 National Office for Arts Accreditation(www.arts-accredit.org)
국제 순수 미술학장 협회 International Council of Fine Arts Deans(www.icfad.org)

미국 무용 협회 American Dance Guild(americandanceguild.org)

미국 박물관 연합 American Association of Museums(www.aam-us.org)

미국인 예술 연맹 Americans for the Arts(www.artsusa.org)

미국 현악기 교육자 연합 American String Teachers Association(www.astaweb.com)

연극과 교육을 위한 미국 연맹 American Alliance for Theater and Education(www.aate.com)

예술 교육 발전을 위한 학교 국제 네트워크 International Network of Schools for the Advancement of Arts Education(www.artsschoolsnetwork.org)

예술 교육 협력 Arts Education Partnership(aep-arts.org)

예술 인문 대통령 자문 위원회 President's Committee on the Arts and the Humanities (www.pcah.gov)

전국 교육 평가 National Assessment of Educational Progress: Nation's Arts Report Card (http://www.nces.ed.gov/nationsreportcard/arts)

전국 무용 교육 단체 National Dance Education Organization(www.ndeo.org)

전국 무용 협회 National Dance Association(www.aahperd.org/nda/)

전국 미술 교육 협회 National Art Education Association(www.naea-reston.org)

전국 음악 교육 협회 National Association for Music Education(www.nafme.org/)

전국 주 예술원 단체들 National Assembly of State Arts Agencies(www.nasaa-arts.org)

케네디 센터 예술 교육 네트워크 연맹 The Kennedy Center Alliance for Arts Education Network(kennedy-center.org/education/kcaaen)

케네디 센터 The Kennedy Center ArtsEdge(artsedge.kennedy-center.org)

프로젝트 제로 Project Zero(www.pz.harvard.edu)

예술 교육 용어 해설

여느 학문 분야와 마찬가지로, 교육 내 예술 관련 분야 또한 예술에 대한 많은 배경 지식을 가지고 있지 않은 예술 교육 옹호자들을 놀라게 하거나 당황스럽게 하고 의욕을 잃게 하는 핵심 전문 용어들을 가지고 있다. 여기에 수록된 용어 해설에 우리 학교에서 가르치고 있는 다양한 예술 분야들의 언어들을 모두 포함하려는 의도는 가지고 있지 않다. 그보다는, 이 용어들은 예술 교육 옹호자들이 연구 결과를 읽거나 제안서를 작성하고 연설을 준비할 때, 혹은 다른 어떤 이유에서건 예술 분야의 교육자들과 연구원들이 자주 사용하는 기본적인 어휘에 접근해야 할 때 도움이 될 수 있도록 선택되었다.

(수록된 용어들 중 일부는 『그린우드 교육 용어 사전』에 수록된 용어들의 정의를 수정한 것이다. 필자는 책의 원본에서 사용된 정의들에 대한 수정을 승인해 준 그린우드 출판사에 감사한다.)

Greenwood Dictionary of Education, Copyright ⓒ2003, edited by John Collins and Nancy O'Brien, reproduced with kind permission of ABC-CLIO, LLC.

가상 놀이 Pretend Play 가상 놀이 속에서 어린아이들은 각자 그들이 만들거나 선택한 장면과 이야기를 연기하는 역할을 서로 할당하여 맡는다. 때때로 박제 동물, 가정용 물품, 아동 자신이 디자인한 의상 등의 소품을 포함한다. 참여자들은 여기에 상징 놀이(예를 들어, 전화기를 상징하는 바나나)를 포함시키고 가상의 역할을 연기해 봄으로써 그들이 들어갈 준비를 하고 있는 어른 세계의 역할과 책임을 탐험한다.

공공 미술 Public Art 공공 장소에서 만들어지고 설치되는 예술 작품으로, 예기치 못한 낙서, 빌딩 외벽에 그려진 지역 사회 주제들을 담은 벽화, 유명 인물을 기념하는 조각상, 삼차원 추상 예술 작품, 조경술, 논란 중인 사안에 대한 인식과 대화를 유발하고자 하는 퍼포먼스 작품 등을 포함한다.

공연 Performance 실제의 청중 앞에서 연극, 무용, 연주, 다른 예술적 창조물을 개인이나 집단이 보여 주는 것. 연기, 무용, 노래에 관련된 기술을 넘어서, 관중을 읽고 즐겁게 만드는 대담함이나 타이밍과 관련된 수행 능력에 대한 기술이 있다. 〈교육 내 예술〉은 학생들이 자신감과 다른 사람들에 대한 영향력을 개발하도록 도우면서 공연을 통해 얻을 수 있는 매우 귀중한 경험들을 제공한다.

공연 예술 Performing Arts 실제의 청중 앞에서 공연되거나 이들을 위해 기록되는 연극, 무용, 음악과 같은 예술의 여러 형태. 저술 또는 시각 예술로는 예술가들이 거의 독자나 관객을 만날 수 없지만, 공연 예술에서는 예술가들이 청중을 인식하고 그들과 적극적으로 관계를 맺을 수 있다. 관객과 독자는 미술 작품이나 문학 작품을 다시 볼 수 있으나, 라이브 공연은 제한된 시간과 공간 속에서 일어난다.

공예 Craft 흔히 학구적인 순수 미술 분야와 구별하여, 공예는 현실적인 수작업과 실용적인 제품, 이런 작업에 관련된 기술, 예를 들어 도예가, 직조공, 유리 부는 직공의 작업 등을 지칭한다. 그림, 조각, 드로잉 등과 같은 예술에 주어졌던 관심이 오늘날에는 누비질quilting, 조각술carving, 조판 기술printmaking 등과 같은 공예에도 동일하게 주어지고 있다.

과정 포트폴리오 Processfolio 연구 집단인 프로젝트 제로가 1980년대에 개발했던 교육 과정 및 평가 프로젝트인 아츠 프로펠에서 명명한 표현. 전통적으로 우수한 완성작만 담고 있는 포트폴리오와는 대조적으로, 학생의 과정 포트폴리오는 예술 영역에서 시간의 흐름에 따른 학생의 학습 과정을 반영하는 진행 중인 작품이나 스케치 견본 등을 담고 있다.

관객 Audience 청중, 관중, 독자 등을 포함하는 용어로, 발표되는 예술 작품에 반응하는 개인이나 집단을 의미한다. 한때는 관객들이 상대적으로 수동적인 인식자 집단으로, 예술가는 적극적인 예술 생산자로 여겨졌다. 지금은 예술의 의미에 주의를 기울이고 해석하는 것 또한 적극적이고 많은 노력을 필요로 하는 과정으로 인식되고 있다.

교과 외 예술 교육 과정 Arts-Extra Curriculum 이 교육 과정은 예술을 부차적인 것으로, 정규 교육 과정 외의 시간과 공간에 속해 있는 것으로 간주하는, 학교 예술 학습에서 가장 흔히 볼 수 있는 예술 학습 실행 계획이다. 사례로는 방과 후 학교 연극 제작, 음악 그룹, 또는 무용·글쓰기·작시 동아리 등이 있다.

교육 내 연극 Drama-in-Education / Theater-in-Education 두 용어 모두 학교에서 교수와 학습을 풍요롭게 하고, 학생 지도 상담을 지원하거나 또래 학생들 간의 의사소통을 촉진하기 위한 연극의 활용을 포함한다. 보다 섬세한 구분이 제시되고 있는데, 어느 쪽의 용어든 지정된 학급에서 연기를 지도하고 학습하는 연극 교육을 포함할 수 있다. 그러나 〈drama-in-education〉이 다양한 목적에서 이루어지는 즉흥 연기와 같은 연극 기술의 사용을 말한다면, 〈theater-in-education〉은 항상 대본 연극의 공연이나 관람을 수반한다.

국가 예술 기금 National Endowment for the Arts: NEA 독립적인 연방 정부 기관으로 지난 40년간 탁월한 예술가들의 작품 활동과 그들 작품이 도시 문화 센터의 한계를 넘어 전국적으로 보급·전파되는 것을 지원하는 임무를 수행해 오고 있다. 그 외에도 NEA는 교육 내 예술의 리더십과 우수성을 발전시키는 데 전념해 왔고 민간 재단들이 예술 활동을 지지하도록 권장하고 있다. 홈페이지 http://www.nea.gov/ 참조.

국가 예술 표준 National Arts Standards 미국 아동들의 완전한 교육을 위해 공식적으로 인정된 아홉 개의 핵심 과목 중에 예술이 포함된 것을 알리면서, 1994년에 합의를 통해 공표되었다. 국가 예술 교육 협회들과 제휴하여 개발된 이 표준안은 세 단계(유치원~4학년, 5~8학년, 9~12학년)로 구성되어 있으며, 미국의 모든 아이들이 (내용과 과정 기반 지식을 모두 포함하여) 시각 예술, 무용, 연극, 음악 영역에서 무엇을 알아야 하는지에 대한 밑그림을 제시하고 있다. 이 표준안은 일선 학교들의 자발적인 참여를 전제로 제시된 안이며, 교과 과정 내용이 아닌 개별적인 수준의 설계를 위한 틀을 제공하고 있다.

그래픽 상징화 Graphic Symbolization 그림을 그리는 활동. 생각, 감정, 주제, 사물, 사건 등을 종이 위에 그래픽 부호로 표현하는 것이다. 어린이의 그림이 기획, 단기 기억, 그리고 미적인 특성의 조절과 같은 재능에 대해서 아이들의 인지 발달을 반영한다고 생각하는 연구자들이 관심을 가진다. 예술 치료사들은 아동들이 말하지 않는 것에 대해 이해하기 위해 그들이 그린 그림을 본다.

그래픽 상징화에서의 U-커브 U-curve in Graphic Symbolization 드로잉의 발달을 묘사하기 위해서, 인지 심리학자들(제시카 데이비스, 하워드 가드너 참조)

에 의해서 제안된 U자 모양의 궤적. 아동의 고도로 표현적인 그림(U커브의 한쪽 윗부분)은 전문적 예술가들의 작품(U커브의 다른 쪽 윗부분)을 닮았다. 그러나 그런 특징은 시간이 흐르면서 사라지고 8~11세 아동들의 작품에서는 분명히 덜 표현적인 것을 알 수 있는데 U-커브의 움푹 파인 모양이 그 지점에 해당된다. 일부 어린이들은 청년 및 성인 예술가로 발전해 가지만 대부분은 그 활동을 포기한다. 더 많은 예술 교육이 아래쪽을 향한 커브를 역전시킬 수 있을 것이다.

낙서하기 Scribbling 알아볼 수 있는 형상이나 단어를 만들지 않고 목적 없이 행해진 쓰기나 그리기. 취학 전 아동들이 그림을 그리면 보통 낙서를 한다고 생각하지만, 일부 교육 연구자들(로다 켈로그 Rhoda Kellogg와 존 매슈스 John Matthews 참조)은 그 활동을 매체와 상징적 작용에 관한 목적이 있는 탐구로 간주한다.

놀이(희곡) Play 사물과 움직임을 여럿이서 같이 관찰하는 것에서부터 시작해 상호 작용을 주고 받는 가상 놀이 시나리오, 나아가 좀 더 많은 아이들의 규칙에 따른 게임 놀이로 발전해 나가는 어린아이들의 자발적이고 도전적이며 즐거운 활동. 또한 희곡play은 극장 공연을 위해 쓰이고 공연되는 한 편의 예술 작품이다. 예술가들이 예술 작품을 창작할 때 아이디어와 매체, 스타일을 실험한다는 의미에서 공연이나 연주를 의미하는 말로 이 용어를 쓰기도 한다.

다중 지능(다중 지능 이론) Multiple Intelligences(MI Theory) 심리학자 하워드 가

드너는 그의 다중 지능 이론에서 지능을 문제를 찾아 해결할 수 있는 능력으로, 그리고 다음에 제시하는 적어도 일곱 가지의 영역 또는 지능에서 가치 있는 결과물을 만들어 내는 능력으로 재규정하였다. 그 일곱 가지 지능은 언어linguistic 지능, 논리-수리logical-mathematical 지능, 공간spatial 지능, 신체 운동bodily kinesthetic 지능, 대인 관계interpersonal 지능, 자기 성찰intrapersonal 지능, 음악musical 지능을 말한다.

달크로즈 교수법 Dalcroze Method 대중적인 음악 교수법으로 다음의 세 가지 구성 요소를 가지고 있다. (1) 학생들이 음악을 들으면서 하는 율동 체조eurhythmics나 운동에 의한 움직임kinetic movement, (2) 솔페주solfege 시창법이나 〈도레미〉 발성 훈련과 음악 이론의 이해, (3) 즉흥 연주 또는 주로 피아노를 사용한 즉흥적인 음악 창작. 코다이Kodaly, 스즈키Suzuki, 오르프Orff 교수법과 함께 이 달크로즈 교수법은 어린 아동들에게 음악을 가르치는 네 가지 주요 교수법 중 하나다.

대중 문화 Popular Culture 고급 문화와 대조되는 것으로 저급 문화를 일컫는다. 만화책, 리얼리티 TV 쇼, 힙합, 랩, 비디오 게임 등이 그 사례다. 고급 문화는 미술관과 콘서트홀의 고전적 예술 작품에서 발견되며, 그것들을 감상할 수 있는 교육적, 사회적 배경을 가진 사람들을 위한 것으로 인식된다. 저급 또는 대중 문화의 경우는 좀 더 대중 매체를 통해 전파되고 모든 사람들이 접근할 수 있을 것 같은 문화다.

도슨트 Docent 보통 박물관, 역사관, 갤러리, 성당, 기타 문화 기관 또는 교육 기관에서 일하는 강연자나 가이드를 말한다. 도슨트는 주로 자원봉사자이거나 약간의 사례비만 받으며 일하지만, 그들은 감상자들에게 그들이 소개할 소장품에 대하여 미술관으로부터 엄격한 교육을 받는다. 도슨트는 학생들에게 예술 작품 슬라이드를 보여 주면서 토론하거나 학생들이 〈만지지 마라〉, 〈조용히 이야기하라〉는 미술관의 환경에 미리 대비하게 하면서 학생들이 미술관 방문을 사전에 준비할 수 있도록 종종 학교를 방문하기도 한다.

매체 Medium / Media 물감, 점토, 단어, 또는 〈혼합 매체〉로 결합하여 예술 작품으로 만들어지는 재료들. 매체는 또한 TV, 다큐멘터리, 잡지, 신문 등을 통해서 알릴 만한 정보나 상업적인 정보를 선택해서 전파하는 산업을 말하기도 한다.

명암법 Chiaroscuro 이탈리아어 맑음 chiaro과 어둠 oscuro의 합성어. 평면 위에서 (연필로 명암을 넣는 것과 같이) 물리적인 입체감과 다양한 감성적 질을 표현하는 효과를 만드는 예술가의 교묘한 밝고 어두운 색조 처리 방법이다.

무대 기술 Technical Theater 세트, 조명, 음향, 소품, 특수 효과, 무대 관리 등 연출 기법에 초점을 둔 연극 제작의 영역들. 〈테키 Techie〉는 이 영역에서 일하는 기술자들을 가리키는 애칭이다. 학교 연출에서, 관중에게 보이지 않는 이 테키들은 중요한 지식을 얻어 가고 큰 책임을 지는 반면, 일에 대한 보수로 받는 공적인 사례는 미미하기 때문에 무대 뒤의 동지애를 즐긴다.

무용 Dance   즉흥적인 동작이나 안무된 동작이 표현 매체인 공연 예술. 무용 공연은 종종 오케스트라용 음악이나 드럼 연주가 수반되지만, 반주 없이 공연되기도 한다. 무용은 고전 발레와 포크 댄스에서부터 탭 댄스, 재즈, 현대 무용에 이르기까지 광범위한 양식과 형태를 포괄한다.

무용 교육 Dance Education   하나의 교육 분야로서, 무용 교육은 보통 전문적인 무용수들의 훈련을 위한 것으로, 학교 울타리 너머의 발레단, 현대 무용단, 지역 예술 센터 등에서 이루어지는 것으로 치부되고 있다. 역사적으로, 그리고 지금도 무용은 학교에서 다른 어떤 예술 형태보다 교과 과정에 포함되는 경우가 더 드물다. 그 이유는 무용이 비언어적이어서 학문적이지 않다는 생각에서부터 무용 전문가와 다른 학과목들을 가르치면서 무용도 가르칠 수 있는 교사의 부족에 이르기까지 다양하다.

문자적 단계 Literal Stage   중간 아동기(8세~11세)로 접어드는, 아동의 그림이 좀 더 어린 아동들의 그림과 비교할 때 덜 표현적이거나 상상력이 부족해진 것처럼 보이는 시기다. 〈실제로 보이는〉 대로 그리려고 노력하는 가운데, 이 시기의 아동들은 자주 사람과 대상의 정형화된 표현들에 의지한다. 재현에 대한 좌절감은 많은 아동들이 예술 제작을 완전히 중단하는 원인이 된다. 어떤 연구자들은 이러한 문자적 단계를 이전 시기의 기술들을 잃어버리는 것이라기보다는 레퍼토리를 확장하는 시기라고 옹호하기도 한다.

미술관 Art Museum 문명적으로 대단한 가치가 있다고 간주되는 예술적 오브제들이 대대로 보존되고 전시되는 건축물. 미술관은 소장한 수집품과 정보를 대중과 공유하기 때문에 선험적인 교육적 장소로 여겨지고 있다. 하지만 어떤 사람들은 어린이와 성인을 위해 주의 깊게 준비한 프로그램들이 바로 미술관을 교육적으로 만드는 요소라고 주장한다. 상호 작용적인 교육적 전시물로 가득한 역사 박물관이나 과학 박물관 또는 어린이 박물관 등과는 달리, 미술관이 일반 교육에 대해 가지는 중요성은 현재 숙고해야 할 대상이다.

미술관 교육 Museum Education 미술관 차원에서 이뤄지는 교육 프로그램의 시행 및 개발. 어린이 박물관과 역사 박물관 등은 전통적으로 교육 프로그램 제작에 초점을 맞추어 왔으나, 미술관은 20세기 후반에 들어서고 나서야 비로소 교육 프로그램을 본격적으로 개발하기 시작했다. 미국 박물관 협회의 1992년 보고서『탁월성과 형평성: 교육과 박물관의 공적 차원 Excellence and Equity: Education and the Public Dimension of Museums』은 미술관의 운영 목적에 교육을 포함하도록 요구하면서 이러한 변화의 중추적 역할을 하였다.

미술관 교육자 Museum Educator 학령 아동을 위한 방문 교육에서부터 다양한 성인 활동에 이르기까지, 미술관에서 행해지는 교육 활동을 감독한다. 미술관 자원을 교육 이론 및 실제와 연계시키고, 학교 및 지역 사회 단체들과 협력 계획을 세우고, 도슨트들을 교육하며, 학교 교사와 함께 교육 과정을 기획하고, 전반적인 교육적 유효성을 평가한다. 박물관 교육자는 교육 자료의 제작에 있어 다양성과 접근성 문제를 고려함으로써 관람객층을 넓히는 데 도움을 준다.

미술관 큐레이터 Museum Curator 〈소장품 관리 책임자.〉 미술관에서 큐레이터는 주도적 역할을 하는 사람으로 전시 내용(어떤 작품들을 전시에 포함할지)과 전시 방법(작품들을 어떻게 진열할지)에 대해 책임을 지는 미술사가 혹은 학자다. 이상적인 환경에서는 큐레이터가 박물관 교육자와 협력하여 교육적인 우선 사항들에 주의해서 전시를 구성하고 시작한다.

미술(예술) 교육 Art Education 예술 지식 분야에서의 교수와 학습. 〈Art Education〉이라는 용어에는 모든 예술 형식들이 포함될 수 있지만, 미국의 학교 맥락 안에서는 음악 교육(악기 연주 또는 가창 학습 등), 무용 교육, 또는 연극 교육과 분리시켜 시각 예술(회화, 소묘, 조각, 사진 등)을 지칭하는 용어로 흔히 사용된다.

미술 비평 Art Criticism 미술 작품의 상대적인 성과와 결함을 고려하면서 작품을 판단하고 비평하는 모든 형식의 글쓰기. 1980년대의 미술 교육 운동인 학과 중심 미술 교육DBAE에서, 미술 비평은 초등학생들이 미술 작품에 대해 묘사, 해석, 평가하고 가설을 세우는 핵심적인 교육 과정이었다.

미술사 Art History 특히 회화와 조각을 중심으로 한 시각 예술의 역사로서 특정한 미술가의 삶과 작품, 다양한 양식의 예술 운동이 발생하고 소멸한 과정, 그리고 미학을 포함한다. 또한 변화하는 예술의 정의도 포함한다. 몇몇 고등학교에서 미술사를 선택 과목으로 운영하는 경우가 있으며 DBAE 운동에서는 하나의 교육 과정으로 포함되어 있었다.

미술 손수레 Art Cart 예술 교실로 할당된 공간이나 실기실이 없을 때, 예술 전문가들이 미술 활동을 위해서 준비물을 싣고 일반 교실로 밀고 들어가는 수레 형식의 운송 수단. 흔히 학교에서 미술이 가지는 주변적인 지위에 대한 비유로서 사용된다. 미술 손수레는 매직펜, 크레용, 종이를 포함해서 제한된(너무 지저분하지 않은) 교실 내 예술 활동, 흔히 〈책상 위 예술〉로 제한된 활동을 가능하게 하는 여러 가지 재료들을 담고 있다.

미술 치료 Art Therapy 시각 예술 제작을 환자의 회복 수단으로 활용하고 예술 인지를 치료사의 진단 방법에 활용하는 예술의 치료적인 적용. 불안해하는 아이에게 그림을 그리는 행위는 감정의 표출과 회복의 수단이 될 수 있다. 아이가 그린 그림은 미술 치료사에게 이들의 걱정이나 심리적 갈등, 성격, 관심사에 대한 정보를 제공할 수 있다. 미술 치료사들은 미술과 상담을 모두 공부한 정신 건강 전문가이다.

미적 교육 Aesthetic Education 지각과 인식에 관한 교육으로, 실제로 작품을 만들기보다는 이에 대해 관심을 가지고 이해하는 방법에 대한 교육이다. 시각 예술에 대한 반응만큼 문학적인 글과 음악적인 창작에도 관심을 두면서, 미적 교육은 예술을 경험을 이해하는 렌즈로 사용하는 능력의 발전을 돕는다. 철학자 맥신 그린이 앞장서 주도하는 뉴욕 시의 링컨 센터 연구소는 널리 활용되고 있는 미적 교육 프로그램을 개설·운용하고 있다. http://www.lcinstitute.org를 참조하라.

미적 발달 Aesthetic Development 예술적인 창작품에 관심을 가지고 의미를 발견하는 능력이 오랜 기간의 경험과 함께 진행되는 발달. 심리학자들이 파악한 바 있는 이러한 발달의 다섯 단계의 범위는 색채, 형태, 개인적인 연상에 대한 가장 이른 시기의 감각적 반응들로부터 가장 발전된 단계인 작업 중인 예술가에 대한 이해와 공감에까지 이른다. 마이클 파슨스Michael Parsons와 애버게일 하우센Abigail Housen의 연구 결과를 참조하라.

미학 Aesthetics 예술의 본질이나 어떤 경험이 가진 예술적 측면 등 미와 예술에 관한 문제들에 관심을 두고 있는 철학. 특정한 이해 방식으로 예술을 다루는 학문으로, 예술의 정의, 이성적이나 감성적 경험으로서 인지하는 것의 특성, 예술에서 상대적 가치의 복잡성, 예술가들과 그들의 작품을 인지하는 자들 간의 특정한 연관성 등에 관한 문제들을 탐구한다.

보이스 Voice 우리 각자가 말하고, 노래하고, 잡음을 낼 때 나오는 소리. 예술에서, 우리는 바이올린의 음색을 그것의 소리voice라고, 또는 작가의 특정 스타일을 그 사람의 소리라고 생각한다. 보이스는 또한 〈의견을 내다To have a voice〉라는 표현에서 볼 수 있듯이 스스로를 위해 발언할 수 있는 권위나 힘과 관련되어 있다.

비평 Critique 예술 학교에서 강점과 약점, 상대적인 독창성에 초점을 맞춰, 학생들의 작품에 대해 비판적으로 토론하는 교사들과 또래 학생들의 행위. 초등학교 교실에서 학생들이 서로의 작품에 대해 토론하는 데 사용하는 〈작가의 의자writer's chair〉는 예술 학교의 〈크릿crit〉을 본떠서 만들어졌다. 지역 예술 센터의 젊은이들의 자기 비평에서, 교육자들은 젊은이들이 자신의 작품을 더 잘 만들기 위해 무엇을 했어야 했는지에 대해 비판적으로 반성을 할 때조차 서로를 지원하는 방법들을 찾기 위해 협력적으로 작업을 하는 학생들의 사례들을 찾아왔다.

사이버아트 Cyberarts 컴퓨터 하드웨어나 소프트웨어를 활용하여 만드는 시각 예술, 댄스, 음악, 연기, 게임, 문헌(하이퍼텍스트 문서와 쌍방향 소설)을 포함하는 디지털 방식으로 만들어진 모든 예술. 접두어 cyber는 노버트 와이너Norbert Weiner가 만든 관련된 장치나 구조를 나타내는 용어 〈사이버네틱스cybernetics〉와 〈사이버펑크cyberpunk〉로 불리는 과학 소설 장르를 이끌었던 윌리엄 깁슨William Gibson의 소설 『뉴로맨서Neuromancer』에 등장한 〈사이버 공간cyberspace〉이라는 용어에서 비롯됐다. 뉴미디어는 컴퓨터 기술로 창조되고 미술관에서 전시되는 예술 작품에 부여된 용어이다. 그리고 웹을 위해 만들어진 예술에 관해서는 www.turbulence.org에서 〈넷아트net art〉라고 불리기도 하는 〈웹아트web art〉를 경험해 보라(나는 이 정의에 대해 보스턴의 사이버아트 페스티벌의 디렉터이며 드코도바 미술관의 뉴미디어 큐레이터인 조지 핏필드에게 감사한다).

사진술 Photography 사진술은 카메라 렌즈를 통해 필름과 같은 민감한 매체 위에 반사된 빛을 조작하는 기술이다. 그 결과물을 통해 나오는 상은 예술가들이 다른 매체를 통해 달성할 수 있는 것보다 우리가 보는 것을 더욱 정확하게 재현한다. 일반적으로 예술로 인정받고는 있으나, 사진술은 더 기계적인 과정으로 인식되고 있다. 학생들은 카메라를 가지고 그들 주변의 생생한 세계에 미적인 프레임을 설치할 수 있고 이미지의 구성과 같은 형식적인 예술적 특성들에 대해 배울 수 있다.

사회극 Sociodrama 특히 대인 관계에 관련된 상황에 전념하는 즉흥적인 역할 연기의 한 형태. 교사들은 교실에서 학생들이 서로의 관점에서 역할과 경험을 바꾸어 장면을 즉흥적으로 연기하면서 사회적인 상호작용들을 탐구하도록 하기 위해 사회극을 활용할 수 있다. 교사 레빈의 교실에서 배우들은 사회극을 하는 학생들이었다.

상상력 Imagination 예술적 생산물을 계획하고, 마음속 이야기와 세상을 만들어 내며, 인식한 현실에 대한 대안을 생각하는 능력. 상상력은 가상 놀이, 창조적인 과정, 그리고 인간의 영감과 연관된다. 예술 옹호자들은 예술은 상상력이 형태를 찾아낼 수 있도록 매체를 제공하고 예술 교육은 학생들에게 주어진 것을 넘어 예기치 않은 가능성까지 생각하도록 하는 도전 기회를 제공한다는 이유로 예술 교육의 중요성을 주장한다.

솔페주 Solfege 음악 연주와 음계 읽기를 같이 하는 음악 시창 지도법. 그것은 잘 알려진 음절인 도, 레, 미, 파, 솔, 라, 시를 단일 음표(계이름 부르기에서 사용하는)에 상응하는 단일 음절로 음률의 고저를 나타내기 위해 사용한다. 솔페주는 음악 학교에서 어린 아동들에게 음악원 수준으로 교육된다.

순수 예술 Fine Arts 순수 예술은 세월의 시험을 견뎌 왔고, 예술적 성취의 정점을 집약적으로 보여 주며, 오로지 학습과 감상을 위해 존재하는 것이다. 순수 예술은 자주 상업적, 예시적, 기능적인 목적으로 만들어진 예술을 포함하는 〈대량〉 또는 〈대중〉 문화로 간주되는 저급 예술과 대조된다. 그림이나 조각뿐 아니라 소묘, 판화, 시, 고전 음악 등과 같이 미학이나 미와 관련된 다른 예술 형태도 마찬가지로 순수 예술이다.

스즈키 교수법 Suzuki Method 일본의 바이올린 연주자이자 교사, 철학자인 스즈키 신이치는 어린 아동들에게 음악을 가르치는 이 세계적으로 유명한 방법을 고안하였다. 이 교수법은 선별된 음악에 대한 주의 깊은 청음, 모방, 찬미, 그리고 바이올린, 비올라, 플루트, 피아노 등을 포함한 아동용 악기로 확대되어 가는 것을 특징으로 한다. 코다이, 오르프, 달크로즈 교수법과 함께, 스즈키 교수법은 어린 아동들을 위한 네 개의 주요 음악 지도법 중 하나다.

스케치 Sketch 어떤 사물이나 생각에 관한 간략한 묘사. 대개 더욱 세부적인 작업을 위한 준비 단계로 사용된다. 스케치는 글일 수도 있으며(한 편의 짧은 글이나 더 긴 글을 쓰기 위한 초고같이), 그림이나 조각 작품을 제작하기 위한 준비 단계로서 종이 위에 그은 몇 개의 선일 수도 있다. 스케치는 형식의 경제성으로 인해 그 자체로 하나의 완전하고 가치 있는 작품으로 간주된다.

스타일 Style 개별 예술가(어떤 예술 형태에서든)의 개별 작품 내에서 또는 작품 모음 전반에서 관찰되는 개성. 아주 어린 아동들도 교실에서 다른 아이들의 예술적 스타일을 인지할 수 있다. 그들은 당신에게 〈오, 저건 제이슨이 한 거네!〉라고 말할 것이다.

시 Poetry 심미적, 예술적 특성을 가진 작품이나 문장 작업. 시는 작품을 구성하는 낱말들의 의미를 전달하거나 초월한다. 그 리듬이나 (리듬이 특징이 아닐 때조차도) 시구의 운율, 소리의 조화로운 배열 등의 특성으로 인해 음악에 비유된다. 아이들이 시어를 즐기기 때문에 교실에서 주목할 만한 매체다. 아동시의 사례들로 리처드 루이스 Richard Lewis

와 케네스 코흐Kenneth Koch의 작품을 참조하라.

시각 문화 Visual Culture 미술관의 순수 예술 작품에서부터 아동용 서적에 있는 삽화들, TV 상업 광고나 비디오 게임의 애니메이션, (바비와 같은) 소녀성 또는 (지아이조 같은) 소년성의 상징 등에 이르기까지 우리를 둘러싸고 있는 시각 이미지들. 시각 문화의 상업적 측면이 예술 교육에 포함되어야 하는지에 대한 논쟁이 있다. 옹호자들은 이미지가 어떤 시대의 가치를 어떻게 반영하고 있는지 공부하는 것은 학생들에게 시각 문화의 비판적인 소비자가 되는 데 도움이 된다고 주장한다.

시각 예술 Visual Art 시각적 형태(평면 또는 입체)로 만든 예술적 진술의 표현으로서, 보통 그림, 판화, 조각, 건축 등과 같은 전통적인 예술과 관련된다. 예술art과 시각 예술visual art이라는 용어는 (〈art education〉이 그러하듯이) 종종 상호 교환적으로 사용된다. 오늘날 학교에서 예술 전문가, 초빙 예술가, 학급 교사 등은 대부분 시각 예술을 가르친다.

시각적 사고 전략 Visual Thinking Strategies: VTS 교육 연구자인 애버게일 하우센과 미술관 교육자 필립 예나윈Philip Yenawine에 의해 개발된 것으로, 시각적 사고 전략은 주로 미술관에서 사용되는 예술 작품 감상에 대해서 질문 중심으로, 상호 작용적으로 접근하는 방법이다. 관객은 〈당신은 무엇을 봅니까?〉라는 질문을 받는다. 그리고 작품의 특정 부분을 언급함으로써 첫 번째 질문에 대한 반응을 방어하도록 요구받는다. 자세한 내용은 www.vue.org 참조.

시각적 학습자 Visual Learner   어떤 경험 영역에서든 시각적인 것에 더 밀접하게 관심이 있는 개인. 따라서 그에게 가장 효과적인 학습 방식은 관찰에 의한 방식으로 판단된다. 시각적 지각과 시각적 자극의 처리가 학습을 위한 모든 이들의 레퍼토리지만, 시각적 학습자는 이 시각적 영역에서의 성공을 선호하고 찾는다.

심리극 Psychodrama   정신 의학자 제이컵 레비 모레노 Jacob Levy Moreno 에 의해 개발된 일종의 연극 치유법. 어려운 상황들이 일어나고 그것을 해결하면서 개인이 특정한 위기를 극복할 수 있도록 돕는 치료적 상황 속에서 사용되는 즉흥적인 역할 연기. 심리극은 치료사, 상담역, 여타 훈련된 전문가에 의해 수행된다.

아동 예술 Child Art   아동의 예술은 18세기 프랑스 철학자 장자크 루소 Jean-Jacques Rousseau 로부터 극찬을 받기 전부터 성인들에게 흥미로운 것이었다. 장난기 어린 강력한 아동 예술은 클레나 미로 같은 모더니스트 예술가로부터 칭송을 받고 모방되었으며, 가드너나 위너 같은 인지 심리학자들에 의해 연구되었고, 아른하임이나 켈로그와 같은 학자들에 의해 내재적인 인간 표현의 구현으로 칭송을 받았다.

아라베스크 Arabesque   무용수가 한 발로 서서 상체를 일으켜 세우고 제자리에서 뒤로 뻗은 다른 쪽 다리를 바닥과 평행을 이루도록 치켜올리는 발레 동작.

아츠 쿨투라 교육 과정 Arts-Cultura Curriculum 이 교육 과정에서는 예술이 개별적인 아동의 문화 또는 세계관을 가장 가까운 공동체(이웃, 가족, 학교 등)의 문화와 연결하고, 나아가 국가와 인종의 문화, 그리고 보다 광범한 문화(모든 인간에 대한 관계)로 연결한다고 여겨진다. 예술적 생산물이나 과정은 이 상호 연결된 패러다임을 밝히고자 하는 목적에서 선택되고 학습된다.

아츠 프로펠 Arts PROPEL 1980년대 초반에 하버드 대학교의 프로젝트 제로연구 그룹이 다양한 예술 영역에서 행해지고 있는 전문 예술가들의 활동을 기반으로 하여 개발한 예술 교육 과정 접근법. 이것은 예술가의 작품 활동 과정에 관한 다음 세 가지 양상을 특징으로 삼는다. 생산(활동의 중심에 있는 예술 제작), 인식(세부적인 것에 대한 관심이나 작품에 대한 반응), 반성(작품에 대한 사고, 특히 다른 예술가의 작품에 대한 사고). 프로펠은 예술 학습의 중심에 제작을 최우선시하는 인지적 접근법으로서 종종 예술 영역의 학문 분야들을 기반으로 한 접근법인 DBAE와 비교된다.

아틀리에 Atelier 19세기 프랑스에서 많은 위대한 예술가들이 그랬던 것처럼, 성장 과정에 있는 예술가가 베테랑 예술가의 견습생으로 들어가 있는 작업장. 아틀리에는 교육 모델을 제공하며, 대표적인 예로 저명한 예술가 겸 교사인 팀 롤린스 Tim Rollins와 그의 예술과 지식 워크숍이 브롱크스에서 운영하는 KOS Kids of Survival가 있다.

역할극 Role Play 어떤 인물을 맡아서 다른 사람 역할을 연기하는 것. 교실에서 행해지는 연극 작품에는 대개 교사와 학생들이 어떤 문제나 주제를 탐구하면서 하는 즉흥적인 역할극이 포함된다. 어린아이들의 역할극(유치원의 가상 놀이 공간의 모방 연기를 주목하라)은 어른 세계의 정체성과 책임을 시도해 보는 것이다.

연극 게임 Theater Games 교육자이자 배우이고 즉흥 연기의 원로인 비올라 스폴린Viola Spolin에 의해 시작된 연극 게임은 배우들이 무대 위에서 존재감을 얻는 데 도움을 준다. 스폴린은 우리가 직면한 문제들로부터 게임을 만드는 것을 구상하였고, 교사들이 교실에서 학생들의 창의성, 자발성, 학습 흥미를 자극하는 데 사용하는 짧고 구조화된 즉흥적 활동을 설계하였다.

영재 Prodigy 천재나 훈련된 전문가의 능력을 능가하거나 이에 필적하는 뛰어난 능력을 가진 아동. 교육 연구자들은 영재들이 모든 영역에서 모두 잘하기보다는, 체스 게임에서의 바비 피셔Bobby Fischer나 음악에서의 모차르트 등과 같이 주로 어떤 한 영역에서만 비범한 능력을 가지고 있음에 주목해 왔다.

예술 Art 작품 생산자의 세계관을 표현한 창작품으로, 생산자들의 삶에 관한 이야기를 말해 주거나 그들의 현실을 묘사하고 질문한다. 어떤 이들은 예술이 (1) 물감, 점토, 또는 시적인 언어와 같은 예술 매체를 사용하여 인정받은 예술가에 의해 만들어진 것이며 (2) 전문가들에

예술 교육 용어 해설

의해 미적이고 창의적이거나 아름답다고 간주되는 것이라고 말한다. 다른 이들은, 예를 들면 미술관이나 갤러리에 놓이는 것과 같이, 작품이 놓이는 곳이 하나의 예술로서 그것의 지위를 결정한다고 생각한다. 어떻게 규정하든, 예술은 생각과 감정이 수반되는 활동이며, 모든 아동 교육 전반에 걸쳐 연구가 지속될 가치가 있는 특별한 인간 활동이다.

예술가 Artist 주로 시각(회화, 조각, 사진 등), 공연(무용, 음악, 연극 등), 문예(시, 문학 저술 등) 분야의 예술 생산자. 예술가들은 미국 사회에서 대개 정형화된 인상을 갖고 있다. 예를 들어 항상 검은색 옷을 입고, 스스로를 외부인으로 여기거나 즉흥적으로 그들의 재능에 의해 비상식적으로 움직이는 사람들로 간주되는 경향이 있다. 그들은 미국 학교에서 거의 롤 모델로 여겨지지 않는다. 예술이 대부분 선택 과목으로 제공되는 것처럼, 예술가라는 직업은 대부분 주류 직업의 대안으로 간주된다.

예술 교육 Arts Education 음악, 무용, 시각 예술, 연극 등 다양한 형태의 예술에서의 교육. 예술 교육은 미국에서 공립 학교가 생긴 이래 계속 교육 과정에 포함되어 왔다. 예술을 교육 과정에 포함시키는 정당성의 근거는 시대마다 다르다. 산업화 시대에는 국가 발전을 위한 전문 기술의 습득이, 진보 시대에는 전인적인 아동 발달이, 후기 스푸트니크 과학 시대 post Sputnik scientific era•에는 복잡한 사고 과정의 발달이, 그리

• 1957년 10월, 구소련의 세계 최초의 인공위성 스푸트니크 1호의 발사 성공으로 미국의 위기의식이 고조되면서 학교 교육에서 수준 높은 과학 교육을 한층 강조하게 되었다. 후기 스푸트니크

고 가장 최근의 고부담 시험 시대era of high-risk testing에서는 비예술 과목들에서의 성적 향상이 정당성의 근거였다.

예술 교육의 인지적 접근 Cognitive Approach to Art Education 예술 교육을 비판적 사고, 해석, 생각 등을 표현하기 위한 상징들의 조작과 같은 기술을 다루는 것으로 보는 견해. 1940년대에는 예술 교육이 아동들에게 감정을 표현하게 하는 수단으로 여겨졌다. 1950년대에 컴퓨터가 도입되고 그 결과로 일어난 사고 방식의 혁명적 변화를 통해서, 심리학자, 교육자, 철학자 들은 예술 제작과 인식에 대한 그들의 이해를 수정하였다. 옹호자들은 인지적 접근이 예술 교육의 지위를 상승시킬 것이라고 생각했고, 이는 DBAE와 아츠 프로펠 같은 예술 교육 운동을 야기하였다.

예술 기반 교육 과정 Arts-Based Curriculum 이 교육 과정에서는 예술이 핵심 교과목으로서, 그리고 교육 과정의 모든 면으로 들어가는 지점으로 다루어진다. 이 체제에서는 학생들이 예술 그 자체를 목적으로 예술을 공부하고 예술이라는 창을 통해 다른 교과들을 학습한다. 예술 기반 교육 과정의 예로서 번스타인 연구소Bernstein Institute와 A+ 학교A+ Schools를 참조하라.

예술 영역들 Artistic Domains 예술가들이 의미를 만들어 내는 다양한 기호들의 조합에 따라 기술되는 서로 구분되는 다양한 예술 활동 장소

과학 시대는 60년대에 접어들면서 과학 교육을 강조하기 시작했던 시기를 의미한다.

들. 시각 예술, 연극, 시, 음악은 예술가가 사용하는 서로 다른 기호들(각각 이미지, 행동, 말, 악보)로 인해 서로 구분되는 예술 영역들로 간주된다.

예술적 Artistic 예술가(예술 창작자)의 행동 또는 예술가와 닮거나 비슷한 것을 의미한다. 실제 작품 제작 또는 작품을 만드는 능력과 관련된다. 이 용어는 모든 예술 작업에 대해 일반적으로 사용될 수 있는 것처럼 보이지만, 대개 전문적인 수준에서 이루어지는 예술 작품 활동에 사용된다. 예술에 눈에 띄는 재능을 보이는 아동들도 〈예술적〉이라는 말을 듣곤 한다.

예술적 과정 Artistic Process 예술가들이 예술 작품을 창조하는 과정. 예술적 과정은 생각, 느낌, 기술, 융통성의 통합을 특징으로 한다. 실수를 생산적인 것으로 인정하고 생산자와 인식자의 관점에 대해 고려한다는 특징을 갖는다. 교육자들은 포트폴리오 기반 평가에서처럼 교수 전략을 짤 때, 진행 중에 이루어지는 지속적인 반성, 오랜 시간에 걸친 평가, 과정에 대한 관심 등과 같은 예술적 과정의 양상들을 모방하고 있다.

예술 전문가 Art Specialist 대개 전문적으로 자격증을 취득한 훈련된 초중등 K-12 예술 교육자로서, 특정 학교에서 지정된 미술실에서 일하거나 학년과 교실을 돌면서 여러 학교에서 예술을 가르친다. 학교에서 예산이 삭감되어 예술 교과를 학급 담임이나 초빙 예술가에게 넘기면서 예술 전문가가 일자리를 잃는 사례가 늘어났으나, 예술 교육이 회복되고 있는 뉴욕 시와 같은 지역에서는 예술 전문가에 대한 수요가 증가하고 있으며, 이와 함께 적절한 전문 교육 훈련 문제가 쟁점화되고 있다.

예술 전문 교육 과정 Arts-Professional Curriculum 이 교육 과정에서 예술 교육은 예술계에서 전문적으로 경력을 쌓아 나가기 위해 엄격한 훈련과 준비를 하고 있는 학생들에게 제공된다. 흔히 예술 전문 교육 과정을 찾는 학생들은 눈에 띄는 재능, 지속적인 관심, 그리고 학교의 담장을 넘어서 기꺼이 고급 예술을 훈련받는 기회를 모색하고자 하는 마음 등을 가지고 있다.

예술 주입 교육 과정 Arts-Infused Curriculum 이 교육 과정에서 예술은 선별적이거나 일반적인 교육 과정의 질을 풍요롭고 비옥하게 하기 위해서 주류 교육 과정에 포함된다. 예술 주입 교육 과정 활동은 영어 시간에 초대된 시인, 역사 시간에 초대된 민요 가수, 또는 학교 전체를 위해 공연하는 극단과 같은 초빙 예술가 등을 포함한다.

예술 통합 교육 Arts Integration 예술 통합 교육은 특정한 주제 또는 문제를 고려하면서, 예술을 하나 또는 그 이상의 내용 영역과 결합하여 비예술 교과 과정 안으로 통합하는 것을 말한다. 한 예로, 동등한 파트너로서 예술과 비예술 교과를 포함하는 학교 차원의 민주주의 탐구 프로젝트를 생각해 보라. 그 프로젝트는 교사, 전문가, 예술가로부터 동등한 조언을 받을 수 있고, 또한 예술과 관련된 학습과 평가 방법으로부터 혜택을 얻을 수 있다.

예술 포함 교육 과정 Arts-Included Curriculum 이 교육 과정에서 예술은 전통적으로 중요하고 핵심적이며 기본적이라고 간주되는 과목들과 나란히 그리고 동등하게 고려되고 함께 교육된다. 그 사례들은 예술 우수 학교 또는 시범 학교, 그리고 우수한 독립 학교*에서 찾아볼 수 있다.

예술 확장 교육 과정 Arts-Expanded Curriculum 이 교육 과정에서는 예술 교육을 학교 울타리를 넘어서 미술관, 지역 공동체 예술 센터, 또는 콘서트홀과 같은 더 넓은 지역 사회로 확장시키는 데 있어, 예술이 수단으로 사용된다. 이 예술 확장 모델은 학생들이 여러 문화 기관의 자원과 그곳에서의 적절한 행동에 친숙해지도록 하는 데 주력한다.

오르프 교수법 Orff Method 독일 작곡가이자 음악 교육자인 카를 오르프Carl Orff에 의해 개발된 어린아이들을 위한 음악 지도 접근법. 음악 청취, 연주, 리듬 따라하기 등의 교육 과정을 제공한다. 특히 즉흥 연주는 신나고 아동 중심적이며 비경쟁적인 분위기에서 배양된다. 실로폰, 철금과 같은 타악기가 포함되는 것으로 유명하다. 또한 오르프슐베르크Orff-Schulwerk로 알려져 있기도 한데, 코다이, 스즈키, 달크로즈 교수법과 함께 어린아이들을 위한 네 개의 주요 음악 지도법 중 하나다.

• independent school. 정부 보조가 없는 사립학교.

음악 교육 Music Education (학교 밴드에서와 같이) 악기 연주를 하고, (학교 합창단에서 공연할) 가창력을 발전시키고, 음악 이론(악보 읽기, 리듬, 율동 등)을 이해하면서, 공립 학교의 맥락 안에서는 드물긴 하지만 독창적인 음악을 작곡하는 데 필요한 기술들을 습득하기 위한 지도와 학습을 의미한다. 전국 음악 교육 협회National Association for Music Education: MENC는 음악 교육의 혜택을 옹호하고 있다.

음악 지능 Musical Intelligence 심리학자 하워드 가드너가 제창한 일곱 가지 지능 유형 중 하나. 음악 지능은 정기적으로 음악적 문제들을 탐구하고 음악적 작품을 생산하는 작곡가나 연주자의 작업에서 나타난다. 음악 지능은 가드너의 지능 유형 중에서 유일하게 특정 분야 또는 학문 분야에 명백하게 소속되어 있다.

음악 치료 Music Therapy 감정적, 물리적, 심리적인 건강의 회복, 유지, 개선을 위한 개입으로서 음악을 치료 목적으로 사용한다. 음악 치료사들은 음악을 듣거나 즉흥 연주하고 가사에 대해 토론하는 특정한 활동 안에서 고객들과 관계를 맺는 훈련된 전문가들이다. 노령화, 통증, 약물 중독과 연관된 문제들을 치료하는 데 사용되고 있으며, 또한 음악 치료는 신체 및 학습 장애에도 효과적일 수 있다.

이야기 짓기 Romancing 자신의 (분명히 계획 없이 그려진) 그림이 무엇을 나타내는지 설명해 보도록 요구받은 어린 아동들이 꾸며 낸 대답. 어른들이 무엇을 기대하는지 이해하기 시작함에 따라, 아동들은 얽힌 선을 가리키며 〈저것은 산책하고 있는 나와 아빠예요〉라고 말할 것이다. 1시간 후에, 그들은 똑같은 얽힌 것을 가리키며 〈저것은 강아지예요〉라고 할지도 모른다.

인식 Perception 시각, 청각, 미각, 후각, 또는 촉각을 통해 참여하는 행위. 시각 예술 작품을 보거나, 음악 작품을 듣거나, 연극에서 어떤 광경을 보거나 소리를 듣는 것이다. 우리가 인식하는 특성들에 세심한 관심을 가지는 행동으로, 그림의 색깔과 질감, 음악의 리듬과 운율, 무대 세트에 의해 만들어진 이미지, 그리고 행위의 속도나 배우의 목소리 조절에 대한 세부들을 포함한다.

인지력 Percipience 특히 더 예민하게 집중하여 인지하는 능력. 예술 철학자 랠프 스미스 Ralph Smith와 해럴드 오즈번 Harold Osborne과 같은 예술 철학자들에 의하면, 사물에 대한 인지와 예술 세계의 경험과 관련된다. 스미스는 인지력을 예술 교육의 목표로 보았는데, 그것은 학생들의 지적 능력을 키울 뿐만 아니라 작품들과 문화 예술 세계를 이해하기 위해 요구되는 감수성을 고취시키는 것으로 보았다.

입주 예술가 Artist-in-Residence 시간을 두고 작품을 제작하도록 학교와 기타 교육 시설 또는 지역 사회의 특정한 장소에서 작업하는 전문 예술가다. 학생들은 작업실에서 입주 예술가의 작업을 돕거나 창작 과정을 관찰할 수 있다. 한나절이나 하루 일정으로 방문하는 초빙 예술가와 달리, 입주 예술가는 학생들과 알고 지낼 만큼 현장에 상당히 오랜 기간 머무르면서 학생들의 예술 프로젝트를 돕거나 전문반 학생들에게 전문적인 기준이나 여러 고려 사항들을 지도하는 역할을 하기도 한다.

자화상 Self-Portrait 예술가가 매체 안에서 자신을 드러내는 이미지를 창조하는 것. 시각 예술가와 작가들은 의도적으로 자화상을 만들지만, 어린아이들은 어떤 인물을 그릴 때는 언제나 본능적으로 〈그들 자신〉을 그린다. 자기 묘사는 교육 내 예술의 모든 영역에서 일반적으로 행해지는 생산적인 활동이다.

재능 Talent 음악이나 무용에 재능이 있다고 말하듯이, 종종 예술과 연관된 뛰어난 능력. 재능은 타고난 것이고 훈련을 통해 습득되는 것이 아니라고 여겨지지만, 훈련을 통해서 재능을 발현시키고 잘 보이도록 기회를 제공할 수 있다. 측정할 수는 없지만, 아동들의 재능은 다른 예술 영역보다 음악에서 더 쉽게 인지되는 듯하다.

재즈 Jazz 미국이 음악계에 기여한 것으로 인정받고 있는 재즈는 뉴올리언스와 전국의 (대개 주류 음악 현장에 참여하기를 거부하는 클래식 음악 훈련을 받은) 아프리카계 미국인 음악가들에 의해 창작된 20세기 음악 장르다. 재즈는 복잡한 리듬, 스윙 박자, 블루 노트, 화음 변주곡을 만들어 내는 솔로 또는 앙상블 공연자들에 의한 기교적인 즉흥 연주를 특색으로 한다. 재즈는 오랫동안 지역 예술 교육 과정에 포함되어 왔으나, 중등학교에서는 최근에 들어서야 재즈 그룹이나 밴드가 등장하고 있다.

제작 Production 예술 작품(예를 들어 시각 예술, 문학, 연극, 음악, 오페라, 무용, 또는 영화)의 창조, 발표, 또는 공연. 인지적 관점에서 제작(작품 제작)은 지각(작품 감상)과 구별되지만, 이 두 과정은 적극적인 의미 생성을 요구한다. 지각이 소비자로서의 우리 성인의 삶과 더 연관성이 있을 수 있으므로 작품 제작을 예술 교육에서 특징적인 것으로 삼아야 하는지에 대해서는 논란이 있다.

조각 Sculpture 삼차원으로 만들어진 시각 예술 작품. 수많은 기법들 중에서, 학생들은 나무나 돌을 깎거나, 진흙으로 형태를 만들거나, 금속을 용접하거나, 종이나 플라스틱 등을 조합해 구조물을 만드는 식으로 조각 작품을 만들어 내는 방법을 선택할 수 있다.

즉흥 공연 Improvisation / Improv 사전에 미리 연습하지 않은 상태에서 마음에서 우러나는 대로 하는 공연. 음악 교육(코다이, 오르프, 달크로즈 참조)에서는 학생들이 자신이 들은 음악에 반응하여 새로운 선율을 창조하는 것을 의미한다. 재즈 음악가들은 즉석에서 서로에게 응하여 선율을 변이시키거나 새로운 악절들을 창작하면서 공연 중에 즉흥적으로 연주한다. 연극 훈련이나 교실 연극 놀이에서 이루어지는 〈즉흥 공연〉에서 배우들은 풀어야 할 어떤 문제나 인물, 장면 등을 위한 일련의 변수들을 부여받는다. 그리고 그들은 마치 대본을 연기하듯이, 즉석에서 대화와 동작을 만들어 가면서 계속 진행한다.

지역 사회 기반 예술 교육 Community-Based Art Education 학교 울타리를 넘어 지리적으로 또는 더 폭넓게 정의된 지역 공동체에서 제공되는 예술 교육의 한 형태. 미국으로 유입된 이민자들이 시장성 높은 예술 기반 기술의 습득을 모색했던 세기의 전환기에 각지의 사회 복지관에서 출현했다. 예술 교육이 학교에서 감소하고 있던 1960년대에 다시 유행하였다. 이 분야는 예술가들 스스로, 또는 갤러리나 지방 예술 위원회를 통해서 예술에 관심 있는 성인이나 아동과 자신의 기술을 공유하면서 지역 공동체 안으로 들어가려 했던 예술가들의 개인적, 집단적 노력을 포함한다.

지역 사회 예술 센터 Community Art Center 예술가들이 예술 교육을 제공하는 장소. 이곳에서의 교육은 학교 예술 프로그램과 연계하여 이루어지는 경우도 종종 있으나 대개 학교 예술 프로그램이 제공할 수 없는 것들로 이루어진다. 이러한 장소는 보통 교회나 학교 건물을 개보수하여 마련한다. 아동을 위한 교육은 물론 성인들을 위한 과정도 준비되어 있으며, 도시형 예술 센터들은 위기에 처한 젊은이들이 성공을 위한, 그리고 삶의 기술을 발전시키기 위한 장을 찾을 수 있는 안식처로 간주된다.

창의성 Creativity 독창성, 혁신, 경계를 무너뜨리는 창작 또는 아이디어의 원천. 예술적 과정의 핵심에 위치해 있으며, 문제의 확인 및 고안을 포함하고, 예기치 않은 다양한 대안적 해결책을 생각해 내는 능력을 포함하는 것으로 알려져 있다. 창의적인 성인 사상가들이 우리 세상을 많은 방식들로 변화시켜 온 가운데, 어린아이들은 그들의 작품 속에, 그리고 예술적 매체들을 가로질러 반영되어 있는 자연스런 특질의 창의성을 가지고 있다.

책상 위 예술 Table-Top Art 비예술 교실에서 행해지는 시각 예술로 탁상의 크기와 교실 정돈 상태에 의해 제한된다. 휴일에 미리 오리고 붙이고 색칠한 종잇조각이나 〈선 안에 색칠하시오〉라 적힌 학습용 복사물과 관련되는 경우가 많다. 이와 대조적으로 스튜디오나 미술실에서 제작된 예술 작품은 규모를 크게 할 수 있고 풍부하고 번잡한 매체 표현을 시도할 수 있다.

초상(화) Portrait 시각적으로 매우 닮은 형태로 어떤 사람이나 여러 사람들을 그림이나 조각 등으로 묘사한 것. 개인의 외양이나 성격의 핵심적인 측면만을 부각시켜 추상적으로 묘사될 수도 있다. 초상(화)은 언어를 포함하여 많은 매체 안에서 창조된다.

코다이 교수법 Kodaly 세계적으로 널리 사용되고 있는 학교에서의 노래 지도법이며 헝가리 출신 음악 교육가인 졸탄 코다이 Zoltán Kodály의 이름을 따서 명명되었다. 이 지도법은 아동의 발달 단계에 주의를 기울이고, 민요와 춤, 아카펠라, 솔페주(도레미)와 조율된 수신호 등을 사용하는 통합적이고 순차적인 음악 교육 과정을 제공한다. 오르프, 스즈키, 달크로즈 교수법과 함께 어린 아동들을 위한 네 가지 주요 음악 지도 방법 중 하나다.

포트폴리오 Portfolio 예술가의 일반 작품이나 우수 작품의 견본들을 모아 담고 있는 것(폴더나 납작한 가방). 예술 학교에 진학하고자 하는 고등학생들은 입학 과정에 사용할 목적으로 포트폴리오를 만든다. 비예술 과목에서 포트폴리오 평가는 작품 진행 과정을 정기적으로 검토하고 수정하는 전문 예술가들의 실행 과정에 기초한다. 이것은 교사와 학생들이 여러 질적 학습 목표들에 따라 과정을 평가할 수 있게 한다.

표현/표현도 Expression / Expressivity 내적 경험이나 감정의 표명 또는 묘사. 시각적인 또는 문어적인 예술 실행에서 실행하는 표현은 동작, 얼굴 표정, 선과 형태의 모양과 방향, 은유의 사용, 다른 묘사적인 언어 등을 통해 이루어진다. 작가 레프 톨스토이Lev Tolstoi는 예술적 경험을 예술가들이 자신의 감정을 그들 작품에 쏟아부음으로써 청중이 이를 재경험하도록 하는 것이라고 기술했다. 철학자 넬슨 굿맨Nelson Goodman은 표현을 예술가에 의해 숙련되고, 느껴진 감정에 대한 교환 없이도 관객에 의해 인식되는 일종의 미적 성취로 보았다. 어린이들의 예술적 행위는 개별적 숙련도와는 무관하게 고도로 표현적인 것으로 여겨진다.

프로세스 드라마 Process Drama 총체적인 학습을 위해서 연극을 활용하는 즉흥 연기 기법은 영국 연극 교육자인 도로시 히스코트Dorothy Heathcote에 의해 특별히 교실에서 사용하기 위해 개발되었다. 갯가재를 잡는 어부, 환경주의자, 역사학자, 정치인, 과학자의 역할을 연기하는 학생들과 함께하는 해양 생물학 수업을 생각해 보라. 해당 주제에서 어떤 정보와 어떤 문제가 중요한지를 연극적인 행위를 통해서 모두 배우게 된다.

프로시니엄 아치 Proscenium Arch 전통적인 극장에서 무대를 형성하는 아치로, 보통 객석보다 높은 곳에 위치하는 공연 영역이 관객들과 분리된 공간임을 나타낸다. 연극 공연을 그림 — 액자 안에 담긴 어떤 것 — 처럼 만드는 효과를 가진다. 프로시니엄 아치는 현실(청중의 삶)에서 비현실(무대 위의 행위)을 분리하면서 물리적으로 그리고 극적으로 배우와 청중 사이의 거리를 규정한다.

플로 Flow 심리학자 미하이 칙센트미하이 Mihály Csíkszentmihályi에 의해 명명된 〈플로〉는 예술 작품 제작, 스포츠, 의식, 행사, 아동들의 게임과 같은 활동에 깊이 몰입한 개인이 경험하는 열정적인 참여를 의미한다. 이것은 자의식, 걱정, 불편함이 사라지는 적정한 경험으로 묘사되며, 그들의 활동 외에 주변의 어떤 것도 명백하게 무시하는 가상 놀이에 참여한 아이들에게서 드러난다.

핍진성 Verisimilitude 연기나 문학에서 어떤 인물이나 상황이 실제인 것처럼 그럴 듯하게 보이는 속성. 핍진성을 달성하는 문제는 통합적인 예술 교육에서 도발적인 것일 수 있다. 핍진성이 어떻게 예술 형태 안에서 그리고 이들 형태들을 가로질러 성취될 수 있는가? 더욱 일반적으로 말해서, 〈삶만큼 사실적이다〉라는 말은 무슨 의미인가?

학과 중심 미술 교육 Discipline-Based Art Education: DBAE   1983년에 게티 예술 교육 연구소에서 개발된 DBAE는 가장 규모가 크고 가장 많은 재정 지원을 받았던 20세기 예술 교육의 선도적인 운동이었다. DBAE는 작품 제작, 미술 비평, 미술사, 미학의 학문적 바탕에 기초한 교육 과정 설계의 틀을 제공한다. 1980년대 전반에 걸쳐 게티 재단은 수많은 미국 학교의 DBAE 수행을 지원했다. DBAE의 지지자로는 엘리엇 아이스너Eliot Eisner, 랠프 스미스Ralph Smith, 브렌트 윌슨Brent Wilson 등이 있다.

학교 예술 School Art   아동들이 학교에서 배워서 하는 작품 활동. 브렌트 윌슨 같은 교육 연구자들은 학교 예술과 젊은이들이 스스로 만드는 작품을 구별했다. 예를 들어, 학교 숙제와는 달리, 미국 사춘기 이전의 예술가들이 이야기식 만화책에 그린 그림들(그리고 일본 젊은이들의 만화 드로잉 참조)은 매우 사적이면서 자발적이다.

학제간 예술 교육 Interdisciplinary Art Education   어떤 예술 분야가 하나의 이슈나 문제 주위에 함께 묶여진 다양한 학문 분야 중 하나인 경우. 그 한 예는 역사, 전통 문화, 그리스 신화, 고전 조각 등 다양하고 상호 유익한 과목들로 접근된 영웅들에 관한 연구일 것이다. 학제간 예술 교육에 대한 논쟁은 이 접근이 학교 교육 과정을 전반적으로 풍성하게 하는지, 또는 개별 학과, 특히 예술(또한 예술 통합 교육 참조)에서의 학습 유효성을 약하게 하는지에 초점이 맞추어져 있다.

주

서론

1. 이 주장들에 대한 맥락적인 이해를 위해, 예술 교육 옹호에 관한 고전 Fowler, C., *Strong Arts, Strong Schools*(New York: Oxford University Press, 1996)를 참조.

2. Davis, J., *Framing Education as Art: The Octopus Has a Good Day*(New York: Teachers College Press, 2005) 참조.

3. 관련 내용은 또한 다음의 자료를 참조. Eisner, E., *The Arts and the Creation of Mind*(New Haven, CT: Yale University Press, 2002)의 제4장에서 발췌하여 "Parents: Ten Lessons the Arts Teach"라는 제목으로 전미 미술 교육 협회가 고쳐 쓴 글(www.naea-reston.org), Derek E. Gordon과의 인터뷰, 그리고 Hetland, L., Winner, E., Veneema, S. & Sheridan, K., *Studio Thinking: The Real Benefits of Visual Arts Education*(New York: Teachers College Press, 2007).

1. 지형

1. 이 에세이는 워싱턴 D. C.의 Editorial Projects in Education이 발행하는 『주간

교육*Education Week*』 2000년 10월호에 처음 게재되었다.

2. 더 자세한 논의는 Parsons, M. J., *How We Understand Art: A Cognitive Developmental Account of Aesthetic Experience*(Cambridge: Cambridge University Press, 1987) 참조.

3. 이전에 논의했던 예술이 정규 교육에 포함되는 〈여덟 가지 방법〉에 대해서, Davis, J. H., *Framing Education as Art: The Octopus Has a Good Day*(New York: Teachers College Press, 2005)와 Davis, J. H., "Nowhere, Somewhere, Everywhere: The Arts in Education", *Art Education Policy Review*, 100(5), May-June 1999, p.31 참조.

4. 게티스버그 대학의 〈레너드 번슈타인 예술 학습 센터Leonard Bernstein Center for Artful Learning〉에서 시행하고 있는 〈Artful Learning 모델〉. http://www.artfullearning.org에서 참조.

5. Bob Moses의 대수학 프로젝트 www.algebra.org에서 참조.

6. *Putting the Arts in the Picture: Reframing Education in the 21st Century*, Ed. by Rabkin, N. & Redmond, R,(Chicago: Columbia College, 2004) 참조.

7. 시카고에 있는 〈어번 게이트웨이스〉의 활동(http://www.urbangateways.org/)이나 〈영 오디언시스〉(http://www.youngaudiences.org/), 뉴욕에 있는 〈스튜디오 인 어 스쿨〉(http://www.studioinaschool.org)의 활동을 각 기관의 홈페이지에서 참조.

8. 더 자세한 사항은 프로젝트 제로의 박물관들과 학습에 관한 전국 규모의 연구에 대해 서술되어 있는 Davis, J., *The MUSE BOOK* (*Museums Uniting with Schools in Educatio — Building on Our Knowledge*)(Cambridge, MA: Presidents and Fellows of Harvard College, 1996)에서 참조(하버드 프로젝트 제로 북스토어에서 구매 가능).

9. *Histories of Community-Based Art Education*, Ed. by Congdon, K., Blandy, D., and Bolin, P.(Reston, VA: NAEA, 2001), pp.117-127에 실린 S. Madeja의 글 "Remembering the Aesthetic Education Program: 1966 to 1976" 참조.

10. Lincoln Center Institute 홈페이지, http://www.lcinstitute.org/ 참조.

11. Housen, A., *The Eye of the Beholder: Measuring Aesthetic Development*, Ed.D. Dissertation(Harvard University, 1983)과 Parsons, M. J., *How We Understand Art:*

A Cognitive Developmental Account of Aesthetic Experience(Cambridge UK: Cambridge University Press, 1987) 참조.

12. *Forever After: New York City Teachers on 9/11*, Ed. by Grolnick, M.(New York: Teachers College Press, 2006) 참조.

13. 프로젝트 제로에서 동료들과 함께 진행했던 연구, Davis, J., Soep, E., Maira, S., Remba, N., Putnoi, D., *Safe Havens: Portraits of Educational Effectiveness in Community Art Centers that Focus on Education in Economically Disadvantaged Communities*(Cambridge, MA: Presidents and Fellows of Harvard College, 1994) 참조.

14. 앞의 책, 그리고 〈예술 인문 대통령 자문 위원회President's Committee on the Arts and Humanities〉에서 발행하고 www.pcah.gov/에서 검색 가능한 보고서, *Coming Up Taller Reports*(2005 by Elizabeth Murfee; 1998 by Judith H. Weitz)와 특히 James Catarall과 Shirley Bryce Heath가 함께 집필한 보고서, 『변화의 옹호자들*Champions of Change*』 참조(artsedge.kennedy-center.org에서 검색 가능).

15. www.manchesterguild.org 참조.

16. artistscollective.org 참조.

17. Davis, J., Soep, E., Maira, S., Remba, N., Putnoi, D., *Safe Havens: Portraits of Educational Effectiveness in Community Art Centers that Focus on Education in Economically Disadvantaged Communities*(Cambridge, MA: Presidents and Fellows of Harvard College, 1994), p. 42 참조.

18. 대표적인 명단으로, 〈Coming Up Taller awards〉 홈페이지(http://www.cominguptaller.org/)에서 결선 진출자들과 우승자들을 확인.

19. 예를 들어 텍사스 주 댈러스에 있는 다빈치 스쿨Da Vinci School은 과학 중점 학교이다. 유타 주 오그덴에 위치한 다빈치 과학 예술 아카데미Da Vinci Academy of Science and Art는 과학, 기술, 예술 중점 학교이며 오레곤 주 포틀랜드에 위치한 다빈치 예술 학교Da Vinci Arts와 플로리다 주 더니든에 위치한 다빈치 아카데미Academie Da Vinci는 예술 중점 학교이다.

20. 전미 음악 교육회에서 게시한 2001년부터 2005년까지의 SAT 학생 자기 보고 설문지 결과를 홈페이지(nafme.org)에서 참조.

21. 현재 Locust Street Neighborhood Art Classes로 불린다.

22. 글쓰기, 시각 예술, 음악 영역에서의 포트폴리오 평가 안내서들과 이해에 기초한 그 외 다른 평가 관련 출판물들을 프로젝트 제로의 홈페이지인 http://www.pz.harvard.edu/ebookstore에서 참조.

2. 교육 내 예술 찬성론

1. 이 에세이는 워싱턴 D. C.의 Editorial Projects in Education이 발행하는 『주간 교육』 1996년 10월호에 논평으로 처음 게재되었다.

2. 이런 연구 결과들은 Folwer, D., *Strong Arts, Strong Schools*(New York: Oxford University Press, 1996)에 포함되어 있다.

3. 이 연구는 Ellen Winner와 Lois Hetland에 의해 수행되었고, 논문 서적 *Beyond the Soundbite*(J. Paul Getty Trust, 2001)에 묘사되어 있다.

4. 현재 교장으로 재직하고 있는 Susan O'Neil은 자료들을 수집하여 *The MUSE Guide*(Cambridge, MA: President and Fellows of Harvard College, 1996)를 집필하였다.

5. 광범위하고 다양한 여러 예술 형태의 측면에서 예술 학습의 기능에 관한 흥미로운 논의들을 다루며, 예술 교육 옹호자들에게 상당한 의미를 가지는 문서인 Consortium of National Arts Education Associations, *National Standards for Arts Education: What Every Young American Should Know and Be Able to Do in the Arts*(Reston, VA: Music Educators National Conference, 1994)에서 볼 수 있다.

6. 더 자세한 설명은 Davis, J. H., *Artistry Lost: U-Shaped Development in Graphic Symbolization*, Doctoral Dissertation(Harvard Graduate School of Education, 1991)과 Davis, J. H. (1997), "Drawing's Demise: U-Shaped Development in Graphic Symbolization", *Studies in Art Education*, 38(3), pp. 132-157 참조.

7. 맥신 그린의 저술에 이 요지가 설득력 있게 강조되어 있다. 그 예시로서, Greene, M., *Releasing the Imagination*(San Francisco: Jossey-Bass, 1995)와 Greene, M., *Variations on a Blue Guitar*(New York: Teachers College Press, 2001) 참조.

8. Tolstoy, L., *What Is Art?*(London: Viking Penguin Books, 1995/ 원본: 1898) 참조.

9. 유아 드로잉의 보편성에 관한 근거 없는 믿음에 도전한 유명한 연구가 Alexander Alland 교수에 의해 이루어졌으며, 그의 1983년 저서 *Playing with Form: Children Draw in Six Cultures*(New York: Columbia University Press)에 묘사되어 있다.

10. Csikszentmihalyi, M., *Flow: The Psychology of Optimal Experience*(New York: Harper & Row, 1990) 참조.

3. 교육 내 예술 옹호

1. 이 에세이는 워싱턴 D. C.의 Editorial Projects in Education이 발행하는 『주간 교육』 2003년 10월호에 논평으로 처음 게재되었다.

2. Ackerman, J., Bernard, R., Brody, A., Gatambidés-Fernandez, R., *Passion and Industry: Schools That Focus on the Arts*(Cambridge, MA: President and Fellows of Harvard College, 2001) 참조.

3. "The Arts and Academic Achievement: What the Evidence Shows", Ed. by Winner, E. and Hetland, L., *The Journal of Aesthetic Education*, 34(3/4), Fall/Winter 2000 참조.

4. 아리스토텔레스의 『시학』 참조. *Aristotle's Theory of Poetry and Fine Art with a Critical Text and Translation of the Poetics*, Trans. by Butcher, S. H.(New York: Dover Publications, 1951)을 추천한다.

5. 〈전인적인 아동whole child〉이라는 용어는 교육에 대해 인도주의적이고 민주적인 접근을 했던 미국의 위대한 철학자 존 듀이의 사상에 기인한다.

6. 이 시기의 주요 사상가였던 빅터 로젠펠드의 철학은 Lowenfeld, V., Brittain, W. L., *Creative and Mental Growth*(5th ed.)(New York: Macmillan, 1970/ 초판: 1947)에서 참조.

7. 아츠 프로펠에 대한 부연 설명은 이 책의 예술 교육 용어 해설 참조.

8. 클래식 음악이 갓난아기와 취학 전 아동의 뇌 기능에 주는 효과들에 대한 관심과 논쟁이 많다. 관련 내용이 Weinberger, N. M., "The Mozart Effect: A Small Part of the Big Picture", *MuSICA Research Notes*, Vol Ⅶ, Issue 1, Winter 2000에

자세하게 설명되어 있다. 홈페이지 http://www.musica.uci.edu/mrn/V7I1W00.html#part에서도 볼 수 있다.

9. http://www.sparcmurals.org/ 참조.

10. http://cct.edc.org/project_detail.asp?id=775 참조.

11. Sculpture Chicago, *Culture in Action: A Public Art Program of Sculpture Chicago,* Ed. by Brenson, M., Olson, E. M., Jacob, M. J.(Seattle, WA: Bay Press, 1995) 참조.

12. Ruppert, S. and Nelson, A., *From Anecdote to Evidence: Assessing the Status and Condition of Arts Education at the State Level,* AEP Research and Policy Brief(Washington, D.C.: Arts Education Partnership, November 2006) 참조.

13. Boal, A., *Games for Actors and Non-Actors*(New York: Routledge Press, 1992) 참조.

4. 미래를 생각하면서

1. Miller, J., *State Policy Makers' Views on the Arts in Education*(Education Commission of the States, April 2006) 참조. ecs@ecs.org에 요청해서 볼 수 있다. 또한 http://www.ecs.org/html/Document.asp?chouseid=6942에서 Governor's Commission on the Arts in Education이 제출한 보고서 참조.

2. 이 에세이는 워싱턴 D. C.의 Editorial Projects in Education이 발행하는 『주간교육』 1999년 3월호에 논평으로 처음 게재되었다.

옮긴이 **백경미** 홍익대학교에서 금속공예와 실내디자인을 전공하고 미국 컬럼비아 대학교 사범대학에서 미술교육 전공으로 2007년에 교육학 박사학위를 받았다. 2009년부터 울산 과학기술대학교UNIST에 재직하면서 〈예술과 창의성〉, 〈현대 미술의 창의적 실제〉를 주제로 강의하고 있다. 예술 재능 발달, 예술 학습에 대한 인지적 접근, 탐구 중심 교수·학습, 통합 예술 교육에서의 교육적 이슈들에 관심을 가지고 이에 대한 논문들을 발표하고 있다.

왜 학교는 예술이 필요한가

발행일 2013년 1월 30일 초판 1쇄
       2022년 7월 20일 초판 7쇄
지은이 제시카 호프만 데이비스
옮긴이 백경미
발행인 홍예빈·홍유진
발행처 주식회사 열린책들

경기도 파주시 문빌로 253 파주출판도시
전화 031-955-4000 팩스 031-955-4004
www.openbooks.co.kr

Copyright (C) 주식회사 열린책들, 2013, *Printed in Korea.*
ISBN 978-89-329-1611-8 03370

이 도서의 국립중앙도서관 출판예정도서목록(CIP)은 서지정보유통지원시스템 홈페이지(http://seoji.nl.go.kr)와 국가자료공동목록시스템(http://www.nl.go.kr/kolisnet)에서 이용하실 수 있습니다.(CIP제어번호:CIP2013001025)